XIANGCUN ZHENXING
YIXIAN GONGZUO SHIWU

乡村振兴一线工作实务

陈伟星 著

西北大学出版社

·西安·

图书在版编目（CIP）数据

乡村振兴一线工作实务 / 陈伟星著. —西安：西北大学出版社，2022.8
　　ISBN 978-7-5604-4973-9

Ⅰ. ①乡… Ⅱ. ①陈… Ⅲ. ①农村—社会主义建设—工作—中国 Ⅳ. ① F320.3

中国版本图书馆 CIP 数据核字（2022）第 130952 号

乡村振兴一线工作实务

陈伟星　著

西北大学出版社出版发行

（西北大学校内　邮编：710069　电话：029-88302621　88303404）
http://nwupress.nwu.edu.cn　　E-mail: xdpress@nwu.edu.cn

新华书店经销　西安博睿印刷有限公司
开本：787 毫米×1092 毫米　1/16　印张：13
2022 年 8 月第 1 版　2023 年 3 月第 2 次印刷
字数：174 千字

ISBN 978-7-5604-4973-9　定价：38.00 元
如有印装质量问题，请与本社联系调换，电话 029-88302966。

序　言

在党中央坚强领导下，举全党全国之力，经过8年持续奋斗，千年绝对贫困、区域性整体贫困得以消除，脱贫攻坚取得全面胜利。习近平总书记在庆祝中国共产党成立100周年大会上向全世界庄严宣告，中华大地全面建成了小康社会。脱贫攻坚全面胜利，不是终点，而是新生活、新奋斗的起点。总结脱贫攻坚好经验、好做法，巩固拓展脱贫攻坚成果，不脱节、不断档、不缺位，平顺平稳平滑与乡村振兴有效衔接，大力弘扬伟大脱贫攻坚精神，以创新理念、务实作风迈上乡村振兴新的"赶考"之路。

全面建设社会主义现代化国家，实现中华民族伟大复兴，最艰巨最繁重的任务依然在农村，最广泛最深厚的基础依然在农村。党的十九大提出以"产业兴旺、生态宜居、乡风文明、治理有效、生活富足"为目标要求的乡村振兴战略，开启了我国农业农村现代化新征程。总目标要求已经明确，这是国家使命和民生需要，是我国"三农"工作的历史性转移。不是一阵风，不是某一个行为，更不是急就章的事情，需要一代又一代人接续奋斗。2021年颁布实施的《乡村振兴促进法》，是以习近平总书记"三农"思想、重要论述为根本遵循的，使乡村振兴工作走上法治轨道。

选派的第一书记、工作队是打赢脱贫攻坚战的一支重要力量，也是一个宝贵经验。新一轮选派的第一书记、工作队已经驻村到位，开展脱贫攻坚成果巩固拓展与乡村振兴有效衔接。为提高乡村基层干部、派驻干部的思想认识，充分调动一线工作者的积极性，进一步做好脱贫攻坚成果巩固拓展，组织动员群众，紧紧依靠群众，团结带领群众一起扎实推进乡村振兴取得实实在在的成效，作为一名老扶贫人，我在轮换返岗之后，本着"为农而生，为农而死"的信念，对乡村振兴战略方针政策进行了较系统的学习与认真思考，写了这本小册子，希望与大家一起交流，共同推进乡村振兴。

本书旨在和大家一起学习领悟习近平总书记"三农"思想、重要论述，精准把握乡村振兴要义，结合自己的学习认识体会以及在基层一线服务"三农"30多年的工作经验，对新任镇村干部、新选派驻村干部提出心理调适、职责转换、作风转变和驻村工作方式方法的意见建议；提出乡村振兴基层一线重点工作内容、工作思路和方法，重点阐释基层党建、脱贫攻坚成果巩固拓展、乡村产业发展、生态文明与乡村文明建设、乡村治理等多个方面，并列举多个经过考察的典型案例，供参考借鉴。

本书在编著过程中得到了张玉琪、董鹏达、王飚、刘锋、田恺源等同志的支持与帮助，在此，一并致谢！

由于自己的能力水平有限，特别是面对乡村振兴工作，仍然是一个"小学生"，缺少更多实践积累，难免有不足之处，敬请不吝赐教！

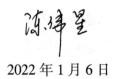

2022年1月6日

目 录

第一章 乡村振兴的战略意义

第一节 脱贫攻坚给乡村带来的变化 　　1

　　案例一 黄山村脱贫攻坚实践 　　4

第二节 乡村目前存在的主要问题 　　8

第三节 乡村振兴总体要求与目标 　　12

第四节 乡村振兴的根本遵循 　　15

第二章 巩固拓展脱贫攻坚成果

第一节 脱贫攻坚成果巩固拓展的主要内容 　　20

　　案例二 黄山村脱贫攻坚成果巩固拓展实践 　　25

第二节 脱贫攻坚成果巩固拓展工作方法 　　27

　　案例三 平利县移民搬迁安置社区乐业安居"十小"惠民工程 　　31

第三节 脱贫攻坚成果巩固督导与成效检验 　　34

第四节 乡村振兴调研与规划 　　35

　　案例四 淳化县咀头村"五驾马拉车"规划乡村振兴 　　41

第三章 乡村振兴驻村工作

第一节 驻村工作心理调适 　　44

第二节　驻村工作思想作风　　48

第三节　驻村工作职责转变　　52

第四节　驻村工作知识准备　　55

　　案例五　小韩峪村第一书记乡村振兴显身手　　57

第四章　乡村振兴一线工作内容

第一节　建强村支部班子　　63

　　案例六　石桥村年轻女大学生支部书记　　68

第二节　宣传落实政策　　70

第三节　帮扶谋划产业发展　　73

第四节　整治环境卫生，推进生态文明　　76

第五节　面源有机物无害化发酵处理技术方法　　80

　　案例七　黄山村环境整治与面源有机物无害化处理利用　　82

第六节　促进劳动就业　　84

第七节　助教兴学圆梦　　89

　　案例八　西北大学志智双扶　重教筑梦断"穷根"　　94

第八节　文化铸魂，促进乡村文明　　97

第九节　乡村治理能力建设　　103

　　案例九　商州区"4434"基层治理模式　　109

第十节　乡村自然灾害应急管理　　112

第五章　乡村产业培育发展

第一节　因地制宜培育产业　　118

　　案例十　千万身价苹果新品种＋家庭农场模式带农走上致富路　　124

| 第二节 | 构建新型经营主体 | 126 |

案例十一　木美土里生态农业有限公司带农富农赋能新路子　135

| 第三节 | 引育乡村人才振兴 | 137 |
| 第四节 | 构建数字化市场营销 | 142 |

案例十二　"网红县长"胡万社：电商消费扶贫，促农民增收　150

案例十三　宜川百丰专业合作社无人机果园植保服务惠乡亲　152

| 第五节 | 村集体经济探索 | 155 |

第六章　乡村振兴基层工作方法

第一节	脚上沾土——入户调研法	159
第二节	心中有数——结构分析法	169
第三节	做好日志——逐一破解法	173
第四节	慢一节拍——推拖拉解法	176
第五节	查找共性——补短强弱法	179
第六节	关爱老人——情感补位法	183
第七节	以动促动——五动工作法	186

案例十四　西北大学师生在村庄规划舞台大显身手　192

第一章

乡村振兴的战略意义

我国扶贫经历了扶贫开发、八七攻坚扶贫、开发扶贫、精准扶贫、脱贫攻坚等阶段,特别是经过持续8年的精准扶贫、脱贫攻坚战,在全国上下共同努力下,到2020年底,千年绝对贫困得以消除,区域性整体贫困得到解决,脱贫攻坚取得全面胜利。2021年7月1日,习近平总书记在庆祝中国共产党成立100周年大会上向全世界宣告,中华大地全面建成小康社会。脱贫攻坚全面胜利,不是终点,而是新生活、新奋斗的起点。回顾脱贫攻坚带来的翻天覆地的变化,总结脱贫攻坚工作好经验、好做法,继续做好脱贫攻坚成果巩固拓展,扶上马,送一程。弘扬伟大脱贫攻坚精神,为谋划推进乡村振兴积蓄力量,迈上第二个百年奋进新征程。

第一节 脱贫攻坚给乡村带来的变化

由习近平总书记亲自部署、亲自指挥、亲自督战,在党中央统一领导下，全国各级党委政府、企事业单位党员、干部群众，300多万驻村第一书记、驻村工作队员、志愿者以及社会各界，持续8年艰苦奋斗，使得现行标准下9899万农村贫困人口全部脱贫，832个贫困县全部摘帽，12.8万个贫困村全部出列，区域性整体贫困得到解决，脱贫攻坚战取得了全面胜利，创造了又一个彪炳史册的人间奇迹。

脱贫攻坚给贫困地区和贫困人口带来了翻天覆地的变化。从全国层面而言，有2000多万贫困患者得到分类救治，曾经被病魔困扰的家庭挺起了生活的脊梁。近2000万贫困群众享受低保和特困救助供养，2400多万困难和重度残疾人拿到了生活和护理补贴。110多万贫困群众当上护林员，实现家门口就业，守住了绿水青山。新改建农村公路110万公里，新增铁路里程3.5万公里。贫困地区农网供电可靠率达到99%，大电网覆盖范围内贫困村通动力电比例达到100%，贫困村通光纤和4G比例均超过98%。790万户2568万贫困群众的危房得到改造，累计建成集中安置区3.5万个、安置住房266万套，960多万人"挪穷窝"，摆脱了闭塞和落后，搬入了新家园。许多乡亲告别溜索桥，天堑变成了通途；告别苦咸水，喝上了清洁水；告别四面漏风的泥草屋，住上了宽敞明亮的砖瓦房。完全有理由相信，经过8年持续奋斗，贫困地区的基础设施、贫困村的生产生活条件得到了极大改善，贫困群众"两不愁三保障"及安全饮水全部得到解决。脱贫地区经济社会发展大踏步赶上来，整体面貌发生历史性巨变。贫困地区发展步伐显著加快，经济实力不断增强，基础设施建设突飞猛进，社会事业长足进步，行路难、吃水难、用电难、通信难、上学难、就医难等问题得到历史性解决。义务教育阶段建档立卡贫困家庭辍学学生实现动态清零。具备条件的乡镇和建制村全部通硬化路、通客车、通邮路。

作为一名驻村干部，我亲身践行并见证了这一史无前例的巨大变化。我们在商洛市商州区大荆镇驻村帮扶。大荆镇位于商州区北部，距城区 35 公里，辖 20 个行政村、2 个社区，常住农业人口 10929 户 37086 人。全镇共有 8 个贫困村和 14 个非贫困村（社区），贫困人口共计 3229 户 11588 人，贫困发生率为 24.38%。脱贫攻坚期间，全镇上下聚焦"两不愁三保障"及安全饮水，精准务实落实各项扶贫政策。实施易地扶贫搬迁 1370 户 5523 人，危房改造 462 户，土坯房改造 322 户，群众安全住房得到有效保障。资助贫困大学生 502 人，中小学生 1213 人享受"两免一补"，实现了义务教育阶段零辍学。低保保障 1449 户 3458 人，落实特困供养 176 人，落实残疾人政策 1213 人，高龄补助 2712 人。劳动转移贫困户劳动力 4833 人，就地就近就业 1002 人，保洁公益岗位安置 255 人，生态护林员 214 人，人社公益岗位 75 人。基本医疗保险实现全覆盖，健康扶贫医疗报销"三重保障"，合规医疗费用报销比例达 80% 以上。脱贫产业、集体经济、技术培训、人居环境均有长足发展，贫困村基础设施、贫困群众生产生活条件显著改善，群众有实实在在的获得感，幸福指数明显提高。干部群众内生动力增强，干群关系更加紧密和谐。我们所帮扶的大荆镇黄山村贫困人口共计 121 户 469 人，经过国家普查，省区市验收，到 2020 年底，47.4% 贫困人口全部清零，"两不愁三保障"及安全饮水全部达标。人均可支配收入由 2012 年末的不足 3000 元提高到 2020 年底的 10832 元，脱贫攻坚取得全面胜利。

枯燥的数字背后，是无数中华儿女艰苦卓绝的辛勤付出。这些巨大变化，是贫困地区的干部群众实实在在干出来的，是客观真实的，每一位亲历者、受益者都有切身感受。有幸在 22 年扶贫路上亲历见证了这一巨大变化，我也为之骄傲。这是中国共产党坚守践行"为中国人民谋幸福，为中华民族谋复兴"初心使命的必然结果，是中国共产党人践行"全心全意为人民服务"根本宗旨的必然结果；是中国特色社会主义制度"集中力量办大事"优越性的具体体现，是党领导干部群众"上下同心、尽锐出战、精准务实、开拓创新、攻坚克难、不负人民"伟大脱贫攻坚精神的充分彰显。

回顾脱贫攻坚所取得的巨大成就,感悟巨大变化,就是要从中汲取接续奋斗的精神力量和科学方法,凝心聚力,继续沿着既定目标奋勇前进。脱贫攻坚战的全面胜利,标志着我们党在团结带领人民创造美好生活、实现共同富裕的道路上迈出了坚实的一大步。同时,脱贫摘帽不是终点,而是新生活、新奋斗的起点。解决发展不平衡不充分问题、缩小城乡区域发展差距、实现人的全面发展和全体人民共同富裕仍然任重道远。我们没有任何理由骄傲自满、松劲歇脚,必须乘势而上、再接再厉,做好脱贫攻坚成果巩固拓展与乡村振兴有效衔接,接续奋斗。

黄山村脱贫攻坚实践

一、精准识别

2015年,黄山村建档立卡贫困户142户466人;2017年,按照陕西省统一安排部署,进行了贫困户数字清洗,重新识别,按照"十不进、十不退"标准,严格遵照入户调查、入户核实、组评议公示、村评议公示、镇政府审核公告、区攻坚办报备等程序,重新识别贫困户120户477人,贫困发生率为47.4%。此次,脱贫、剔除9户28人,新增贫困户15户59人,并规范建立了120户贫困户档案和村级档案。此后逐年对贫困户、贫困人口进行动态调整,每年度根据死亡、新生、迁入、迁出,据实调整人口变化。2018年,贫困户周卫卫当选村主任,根据相关政策,自然退出贫困户,计1户5人。2019年,经个人申请,组村评议公示,新增贫困户2户8人。至此,黄山村贫困户121户469人。(如图所示)

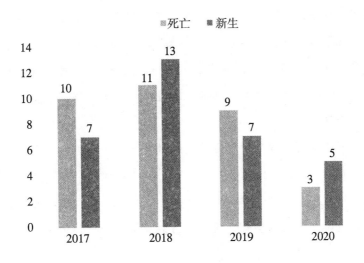

黄山村贫困户人口变化统计图

二、精准帮扶

1. 入户调查研判，理清致贫原因是精准帮扶的基础。经反复入户调查研判，120户贫困户中，缺劳动力17户，约占14%；缺技术18户，占15%；因病38户，约占32%；因残10户，约占8%；因学14户，约占12%；缺资金23户，约占19%。

2. 紧盯脱贫目标，着力解决"两不愁三保障"突出问题，补短板，强弱项，确保"两不愁三保障"达标。

（1）安全住房。从2016年开始，经个人申请，入户调查核实、镇政府核查，黄山村贫困户中已有80户333人享受易地扶贫搬迁政策，分别安置于西荆安置点、商州区刘湾、杨峪河安置小区，约占贫困户总数的66%；危房改造4户12人，约占3%；修缮及提供公益房安置6户13人，约占5%；其余贫困户住房均进行安全鉴定，均达到B级及B级以上，约占26%。贫困户住房全村安全达标。

（2）安全饮水。黄山村饮水为自流水、集中供水，经鉴定，水质达标安全。2017年对三至七组饮水设施、管网进行了改造，西北大学又出资改造了二组12户38人饮水；2018年对全村水井进行普查，绘制坐标位置图。在春季干旱、冬季雪冻等特殊情况下，饮水出现短期季节性缺水，但饮水率达98%以上，井水取水往返不超过20分钟，垂直距离不足10米；2020年春西北大学再投资改造提升饮水工程。经鉴定，黄山村饮水安全达标。

（3）义务教育。黄山村贫困户义务教育学生阶段学生，全部在校就读，小学62人，初中27人，高中5人，无一人辍学，在校学生均享受"两免""两免一补""一免一补"等相关政策。同时，西北大学坚持资助各级各类学生，关爱留守儿童，助力教育成才，拔掉穷根，阻断贫困代际相传。

（4）健康扶贫。黄山村贫困户年度缴纳农合疗、大病保险100%，享受签约村医服务和慢性病签约服务；西北大学签约1名医生逐月诊疗，提供健康服务指导，同时西北大学连续三年组织义诊医疗服务，进行健康指导；贫困户住院合规费用报销享受四重保障、一站服务，合规报销比例达80%以上。

（5）产业帮扶。始终把培育发展脱贫产业作为脱贫根本途径。2018年以来，黄山村已有115户贫困户享受投劳光伏产业分红20.025万元；投劳食用菌101户，分红35.35万元；西北大学采取提供种苗、技术培训指导、奖励补助等帮扶措施，推进菊芋种植87户239亩，牛羊猪鸡、鼯鼠等养殖，中药材、皂角、花椒等经济作物种植达117户；累计享受政策特色产业奖补37.168万元，推进养殖、种植等脱贫产业稳定发展（图示如下）。同时，西北大学组织对黄山村现有260亩核桃、60亩樱桃进行全程四季科管。西北大学先后投资16万余元捐赠250箱中蜂，黄山村先后成立少黄山、绿健特等3个专业合作社，鼓励帮扶能人创业，探索"党支部+合作社+贫困户"产业脱贫模式，构建带贫益贫长效机制，促进黄山村集体经济发展。

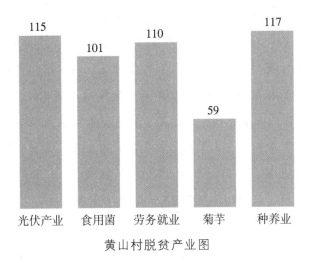

黄山村脱贫产业图

（6）就业脱贫。一人稳定就业，全家脱贫。据不完全统计，目前贫困户中，无劳动力户10户，约占8%，其余111户贫困户中均有劳动力，实名制统计在外就业务工242人。据调查，在外务工者多数为普通工种，缺乏技能（如图所示）。目前，选优选配公益岗位17人，西北大学校设

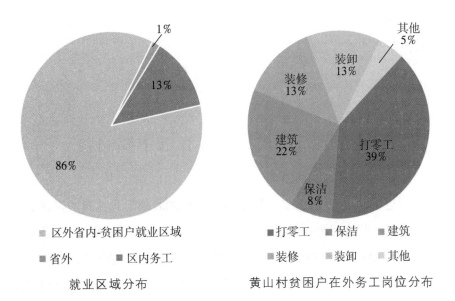

就业区域分布　　　　　黄山村贫困户在外务工岗位分布

公益岗位1个;同时,西北大学根据需求针对性开展技能培训,结合特色产业需要,强化技术培训与生产指导,促进就业和产业发展。

(7)兜底政策。常态化入户宣传脱贫政策,精准落实贫困户兜底政策,调整落实低保政策。2016—2020年,逐年动态调整后,五保户3户4人;进一步强化落实兜底保障政策,调整后的低保户(人)数为67户186人,分别占贫困户(人)的55.37%和39.65%;同时,按政策规定享受分类施保政策;贫困户中残疾人36户38人。

黄山村低保政策年度落实统计表

低保户等级	2017年		2018年		2019年		2020年	
	户数	人口数	户数	人口数	户数	人口数	户数	人口数
C级	13	30	6	22	31	101	38	118
B级	1	2	1	5	7	13	19	40
A级	0	0	0	0	3	8	10	28

(8)生态扶贫。黄山村生态搬迁8户36人,已装修入住;公益林补偿贫困户90户,共602.5亩,年补偿资金4729.63元;护林公益岗位9人,每人月收入500元。

第二节 乡村目前存在的主要问题

习近平总书记指出:"问题是事物矛盾的表现形式,我们强调增强问题意识、坚持问题导向,就是承认矛盾的普遍性、客观性,就是要善于把认识和化解矛盾作为打开工作局面的突破口。"发现问题是好事,没有问题则是最大的问题。因此,成就事业,要有一双能够及时找寻问题的慧眼。马克思曾说："主要的困难不是答案，而是问题。""问题就是时代的口号，是它表现自己精神状态的最实际的呼声。"问题和矛盾并不可怕，可怕的是视而不见，错过了解决问题和矛盾的最佳时期，使问题和矛盾扩大化。不聆听时代声音，不回应时代呼唤，不直面时代问题，也无力推动时代的巨轮。实现中华民族伟大复兴的中国梦，广大党员干部一定要以清醒的心态直面问题，以舍我其谁的精神解决问题。

坚持底线思维是牢牢抓住工作主动权的基本要求，坚持问题导向是回应时代之问的科学工作方法。否则，就可能迷失方向，丧失主动，顾此失彼，或无的放矢，南辕北辙，不切要害，延误时机，实际效果大打折扣。坚持以人民为中心的发展理念，立足现实，调查梳理制约农村农业发展的关键瓶颈和影响农民生产生活的关键困难和问题；立足未来，面对现实，反观制约影响"三农"可持续健康发展的重大问题、关键环节和重要方面，以精准务实的措施，补短强弱，夯实"三农"基础。结合笔者 20 多年的农村工作实践，调查梳理，从微观层面上看，当前乡村主要存在以下问题：

一是基础设施相对较为薄弱。路、电、水存在短板和安全隐患，抵御自然灾害能力较弱，塌方、滑坡、泥石流损毁道路、阻断道路时有发生。河堤、水库需要加固，防范洪涝大水能力不足，时常出现险情，有造成更大损失的隐患，对群众生产生活构成严重威胁。2021 年汛期，陕南山区发生强降雨，导致许多乡村道路、河道损毁，特别是脱贫攻坚期间修筑的道路、河堤损毁，损失较大，严重威胁群众生命财产安全。农田灌溉管网等水利设施年久失修，有些地方形同虚设，如黄土高原干旱区的水利设施状况堪忧，严重制约农业高效生产。网络覆盖仍有盲区，特别是山区、老少边穷地区，信号弱，时有时无，甚至一直仍为盲区，与数字乡村发展要求相距尚远。农村基础教育设施陈旧，配套设施不全，师资力量不强、积极性不高，亟待补充完善。

二是土地闲置荒芜、非农化较为严重。农村青壮劳力外出务工，使原有耕地闲置荒芜，留守在村的是老人、妇女和儿童，且人数较少，耕地无人、无力耕种。耕地非粮化问题较为突出，耕地粮田中果树衰老、果园损毁，没有效益，任其荒芜，甚至有些耕地已成为"原生态"荒坡荒地。而且，这些碎片化的荒芜耕地，尚没有进行有效流转集中开发利用。农业机械化程度较低，劳动力成本较高，农业生产效率效益较低。以小农户生产经营为主，组织化程度较低，社会化服务组织尚不健全；农业生产技术服务较弱，农业投入品不规范，化肥农药施用偏多，农产品存在一定的安全隐患；市场销售渠道单一，销售难时有发生，抵御市场风险能力较弱。

三是农村老人养老令人担忧。农村"空心化"，常年居住农村的绝大多数是老人，他们年迈体弱，仍在"自力更生"维持生计。有部分老人自己过着最为俭朴的生活，却将微薄的收入贴补儿孙，有的老人养老金等遭到儿孙强行"代管"。日常生活缺乏人文关怀，非常孤独。养老设施不健全，以及受传统观念束缚，老人宁可在家独立生活，也不愿与儿女共同生活或去养老机构。生病时自己购买药物，轻易不会住院医治，怕拖累儿女，悄然亡故家中时有发生。由此而言，农村养老需要加强。另外，农村文化娱乐形式单一，打麻将、酗酒等常有发生，传承家风家教，以社会主义核心价值观为主要内容的文明建设、乡村治理需要持续巩固加强。

四是乡村教育整体薄弱。随着新型城镇化战略的深入实施和随迁子女进城就读，乡村学校生源客观上不断减少；不少农村家庭为了不让孩子输在起跑线上，选择接受更高质量的教育，将孩子送到城镇学校就读，催生乡村学校"小微化"或"空心化"，农村学校撤并也加重了这一趋势。由于乡村学校建设的整体薄弱性、内部差异性及发展独特性，部分乡村学校仍然存在教师结构性缺编、流失率高，优秀教师相对较少等突出问题，同时校家距离远，导致家长按点接送或租房专门管护，加重了农民负担，且存在路途安全风险。

五是医疗卫生健康服务滞后。尽管有村级卫生室、村医，但医疗服务态度、能力和水平有待提高，常用基本药品缺乏，慢性病签约指导服务形式大于实质，无法达到小病不出村。健康饮食指导、慢性病日常监测指导服务缺失，导致小病拖出大病，不利于群众身心健康，增加家庭经济负担，浪费国家医疗资源。从整体而言，中西部广大农村环境卫生较差，影响群众安全感、幸福感。

六是产业基础不牢，规模化、机械化、标准化、产业化水平尚显不高。目前，农村的主要产业是劳务产业，这是家庭收入的主要来源。其他农业产业以农户自主独立经营为主，家庭农场或现代农业公司带动群众参与较少，利益机制松散。市场意识不强，有产品，商品少；生产技术更新较慢，新技术推广应用不足，抗自然灾害能力和市场风险能力较弱；生产规模较小，机械化程度不高，难度较大，生产成本较高，生产效率偏低。农民文化层次较低，从业技能较弱，家庭收入渠道单一，尚有发展和增效空间。

七是村党支部建设亟待加强。新换届后的党支部成员有些是刚刚上任的，缺乏工作思路、工作经验、工作方法和带领群众致富的能力本领；有些是老同志，用老思路、老经验解决新问题，工作动力不足，算盘珠子工作法，拨一下动一下，工作内生动力、主动性、积极性不足。同时，村级干部普遍认为自己收入较低，被动式工作、应付式工作、应景式工作不乏其人。村级干部培训提升、村级党组织建设亟待加强。

梳理出的这些问题，在广大农村基层都不同程度地普遍存在，这是"人民日益增长的美好生活需要和不平衡不充分的发展之间的矛盾"的具体表现，不容回避，必须勇敢面对，它们也是乡村振兴中首要着力渐进解决的。坚持问题导向、底线思维。群众利益无小事，不等不靠，分清轻重缓急，由易到难，一件事接着一件事办，一年接着一年干。对于有条件，但过去没有办、没有办好的事，马上办。有些问题的解决，不可能一蹴而就，需要纳入县域经济社会发展中统筹解决，但对于应落实而没有落实、没有很好落实的问题，以及关乎群众"急难愁盼"的事情，无论巨细，都应及时正面回应，积极作为，创造条件努力解决，特别是在脱贫攻坚成果巩固拓展阶段，这是必然要求，是必须不折不扣做的，要做到心中有数。要大力弘扬伟大脱贫攻坚精神，用心、用情、用力，努力作为，做细做实，巩固好脱贫成果，不断提高群众生产生活质量，为做好与乡村振兴有效衔接打下坚实基础，创造良好条件。

只有加强党的领导，统筹谋划，实事求是，精准施策，精准务实；只有乡村干部用心、用情、用力，认真履职，坚守岗位，迎难而上，踏实工作，自始至终保持饱满的精神状态和良好的工作作风，以实际行动践行初心使命，才能带领广大群众振兴乡村，创造更加美好的幸福生活。

第三节　乡村振兴总体要求与目标

党的十九大指出，农业农村农民问题是关系国计民生的根本性问题，必须始终把解决好"三农"问题作为全党工作的重中之重。要坚持农业农村优先发展，按照"产业兴旺、生态宜居、乡风文明、治理有效、生活富裕"的总要求，建立健全城乡融合发展体制机制和政策体系，加快推进农业农村现代化。巩固和完善农村基本经营制度，深化农村土地制度改革，完善承包地"三权"分置制度。保持土地承包关系稳定并长久不变，第二轮土地承包到期后再延长三十年。深化农村集体产权制度改革，保障农民财产权益，壮大集体经济。确保国家粮食安全，把中国人的饭碗牢牢端在自己手中。构建现代农业产业体系、生产体系、经营体系，完善农业支持保护制度，发展多种形式适度规模经营，培育新型农业经营主体，健全农业社会化服务体系，实现小农户和现代农业发展有机衔接。促进农村一二三产业融合发展，支持和鼓励农民就业创业，拓宽增收渠道。加强农村基层基础工作，健全自治、法治、德治相结合的乡村治理体系。培养造就一支懂农业、爱农村、爱农民的"三农"工作队伍。

乡村是具有自然、社会、经济特征的地域综合体，兼备生产、生活、生态、文化等多重功能，与城镇已成为互促互进、共生共存融合发展的命运共同体。乡村兴则国家兴，乡村衰则国家衰。我国人民日益增长的美好生活需要和不平衡不充分的发展之间的矛盾在乡村更为突出，我国长期处在社会主义初级阶段的特征更大程度上表现在农村。全面建设社会主义现代化国家，最艰巨最繁重的任务在农村，最广泛最深厚的基础仍在农村，最大潜力最大后劲依然在农村。

习近平总书记在党的十九大报告中强调农业农村农民问题是关系国计民生的根本性问题，必须始终把解决好"三农"问题作为全党工作的重中之重，实施乡村振兴战略。报告中明确提出"产业兴旺、生态宜居、乡风文明、治理有效、生活富裕"的总要求和目标。2018年1月2日，中共中央、国务院公布了《中共中央 国务院关于实施乡村振兴战略的意见》，同年9月，中共中央、国务院印发了《乡村振兴战略规划（2018—2022年）》。2021年4月29日，第十三届全国人民代表大会常务委员会第二十八次会议审议通过《中华人民共和国乡村振兴促进法》（以下简称《乡村振兴促进法》），并于2021年6月1日生效实施，从此，乡村振兴实施走上法治轨道。

《乡村振兴促进法》对乡村振兴的总目标、总方针、总要求做出明确规定,把实施乡村振兴战略必须遵循的重要原则、重要制度、重要机制固定下来,阐明乡村振兴往哪走、怎么走、跟谁走等重大问题,成为当之无愧的"三农"法治重器。

《乡村振兴促进法》与2018年中央一号文件、《乡村振兴战略规划(2018—2022年)》《中国共产党农村工作条例》,共同构成实施乡村振兴战略的"四梁八柱",而且是"顶梁柱",必将更好地发挥法律的规范、引领和推动作用,持之以恒、驰而不息促进乡村振兴,确保党中央关于乡村振兴的战略部署不折不扣贯彻落实。2021年以来,各地各级政府的乡村振兴局纷纷挂牌,各部委也相继成立乡村振兴工作领导小组,小组组长均是各地各级一把手。同时,财政、金融口针对乡村振兴的政策也陆续出台,政策分量和含金量不亚于脱贫攻坚。

乡村振兴的目标任务要求就是要实现"产业兴旺、生态宜居、乡风文明、治理有效、生活富裕",并提出了明确的具体要求:

产业兴旺不仅仅体现在农业生产上,不光是农业,还包括各式各样的新产业、新业态,以及一二三产业的融合发展。

生态宜居就是让村庄融入绿水青山之中,融入田园之中,能可持续发展,可以让人们来此呼吸新鲜空气,喝到干净清洁安全的水,看到蓝天白云,而绝不是垃圾乱堆乱放、污水横流、臭气熏天的景象。

乡风文明需要用社会主义核心价值观、传统文化和法律法规,通过自治、法治、德治等手段,花费更大气力持续构建新文明。

治理有效就是在过去管理民主基础上,让社会各阶层都参与进来,共同出主意想办法,共同遵守,达到有效治理。

生活富裕方面,经过脱贫攻坚,农村人均可支配收入显著提高,高于全国增速,为继续提高农民收入打下一定的基础。今后,必须把增加农村群众收入作为根本措施。

乡村振兴是"三农"工作的历史性转移,我们要时刻牢记习近平总书记"全党务必充分认识新发展阶段做好'三农'工作的重要性和紧迫性,坚持把解决好'三农'问题作为全党工作重中之重,举全党全社会之力推动乡村振兴,促进农业高质高效、乡村宜居宜业、农民富裕富足"的指示要求。现在,乡村振兴战略总要求和目标已经明确,这是国家使命和民生需要,乡村振兴绝不是一阵风,不是某一个行为,更不是急就章的事情。农业是国之本,不可妄为。乡村振兴需要一代又一代人接续奋斗,蹄疾步稳,驰而不息,绵绵细雨,久久为功,静待花开。

第四节　乡村振兴的根本遵循

党的十九大提出实施乡村振兴战略,并写入党章,这是重大战略安排。实施乡村振兴战略,开启了加快我国农业农村现代化的新征程。

一、深刻学习领会习近平新时代中国特色社会主义"三农"思想,使之成为"三农"工作的根本遵循

习近平总书记高度重视"三农"工作,党的十八大以来,对做好"三农"工作提出了一系列新理念新思想新战略,科学回答了新时代"三农"工作的重大理论和实践问题,形成了习近平新时代中国特色社会主义"三农"思想。这是习近平新时代中国特色社会主义思想的重要组成部分,是指导我国农业农村发展取得历史性成就、发生历史性变革的科学理论,也是实施乡村振兴战略、做好新时代"三农"工作的行动指南。

一是坚持加强和改善党对农村工作的领导,为"三农"发展提供坚

强政治保障。习近平总书记 2016 年在安徽小岗村农村改革座谈会上强调,党管农村工作是我们的传统,这个传统不能丢。在 2017 年中央农村工作会议上,他又强调,要建立实施乡村振兴战略领导责任制,党政一把手是第一责任人,五级书记抓乡村振兴。

二是坚持"重中之重"战略定位,切实把农业农村优先发展落到实处。习近平总书记强调,"三农"向好,全局主动;他在 2013 年中央农村工作会议上指出,中国要强,农业必须强,中国要美,农村必须美,中国要富,农民必须富;他在 2017 年中央农村工作会议上再次强调,农业强不强、农村美不美、农民富不富,决定着亿万农民的获得感和幸福感,决定着我国全面小康社会的成色和社会主义现代化的质量;2015 年他在吉林调研时指出,任何时候都不能忽视农业、不能忘记农民、不能淡漠农村。

三是坚持把推进农业供给侧结构性改革作为主线,加快推进农业农村现代化。习近平总书记指出,我国农业农村发展已进入新的历史阶段,农业的主要矛盾由总量不足转变为结构性矛盾,矛盾的主要方面在供给侧。他在安徽小岗村农村改革座谈会上强调,要以构建现代农业产业体系、生产体系、经营体系为抓手,加快推进农业现代化。

四是坚持立足国内保证自给的方针,牢牢把握国家粮食安全主动权。习近平总书记在 2013 年中央农村工作会议上指出,中国人的饭碗任何时候都要牢牢端在自己手上,我们的饭碗应该主要装中国粮;他在 2013 年中央经济工作会议上指出,要坚持以我为主、立足国内、确保产能、适度进口、科技支撑的国家粮食安全战略,确保谷物基本自给、口粮绝对安全。

五是坚持不断深化农村改革,激发农村发展新活力。习近平总书记多次主持召开中央深改小组会议审议农村改革议题,指出解决农业农村发展面临的各种矛盾和问题,根本靠深化改革;新形势下深化农村改革，主线仍然是处理好农民和土地的关系；不管怎么改，不能把农村土地集体所有制改垮了，不能把耕地改少了，不能把粮食生产能力改弱了，不能把农民利益损害了。

六是坚持绿色生态导向，推动农业农村可持续发展。习近平总书记在中央深改小组会议审议农业绿色发展的文件时指出，推进农业绿色发展是农业发展观的一场深刻革命。强调：绿水青山就是金山银山；良好生态环境是农村最大优势和宝贵财富，要让良好生态成为乡村振兴的支撑点；农业发展不仅要杜绝生态环境欠新账，而且要逐步还旧账。

七是坚持保障和改善民生，让广大农民有更多的获得感。习近平总书记多次指出，小康不小康，关键看老乡。他在吉林调研时指出，检验农村工作成效的一个重要尺度，就是看农民的钱袋子鼓起来没有。他在贵州考察时指出，党中央的政策好不好，要看乡亲们是哭还是笑；要是笑，就说明政策好；要是有人哭，我们就要调整完善。他在 2017 年中央农村工作会议上指出，"大国小农"是我国的基本国情农情，要把小农生产引入现代农业发展轨道。

八是坚持遵循乡村发展规律，扎实推进美丽宜居乡村建设。习近平总书记指出，城乡发展不平衡不协调，是我国经济社会发展存在的突出矛盾；全面建成小康社会，不能丢了农村这一头；要建立健全城乡融合发展体制机制和政策体系；新农村建设一定要走符合农村实际的路子，遵循乡村自身发展规律，充分体现农村特点，注意乡土味道，保留乡村风貌，留得住青山绿水，记得住乡愁。

这些新理念新思想新战略，系统全面、内涵丰富、博大精深、意义深远，为我们做好新时代"三农"工作提供了基本遵循，是实施乡村振兴战略、做好新时代"三农"工作的理论指引和思想武器。我们要以习近平总书记"三农"思想为指导，实现乡村振兴新目标。

二、精准把握，贯彻落实《乡村振兴促进法》，依法推进实施乡村振兴

以习近平同志为核心的党中央高度重视乡村振兴。习近平总书记多次发表重要讲话，深刻阐释乡村振兴的重大意义，明确战略举措和工作重点，从理论和实践的高度，为中国特色社会主义乡村振兴道路指明了方向。全面建设社会主义现代化国家，实现中华民族伟大复兴，最艰巨最繁重的任务依然在农村，最广泛最深厚的基础依然在农村。《乡村振兴促进法》是一部党中央关于乡村振兴重大决策部署的法律，要进一步提高政治站位，从党和国家事业全局的战略高度认识它的重要意义，一条一条贯彻好、落实好。

《乡村振兴促进法》立足新发展阶段，全面总结了这些年来我国"三农"工作的法治实践，是一部"三农"领域的基础性、综合性法律。正确理解这部法律，有三个大的要领必须把握住、把握好。一是《乡村振兴促进法》是以增加农民收入、提高农民生活水平、提升农村文明程度为核心的振兴法，不只是促进经济发展，而是要推动农业全面升级、农村全面进步、农民全面发展，体现"乡村振兴为农民而兴，乡村建设为农民而建"的理念。二是这部法律要解决好农业农村承担的保障好农产品供给安全、保护好农村生态屏障安全、传承好中国农村优秀传统文化等历史任务，明确农业农村发展在国家发展中的战略定位。三是全面加强农村社会主义精神文明建设，坚持农民主体地位，全面提升新时代农民素质，培养一代又一代高素质的新型农民。

贯彻实施《乡村振兴促进法》，既要注重全面系统，也要突出重点和关键。一要因地制宜促进乡村产业发展，促进农村一二三产业融合发展，确保粮食安全，进一步增加农民收入、提高农民生活水平。二要培养造就新型职业农民队伍，广泛依靠农民、教育引导农民、组织带动农

民,投身乡村振兴、建设美好家园。三要传承好农村优秀传统文化,倡导科学健康的生产生活方式,引导特色鲜明、优势突出的乡村文化产业发展。四要加强农村生态环境保护,推行绿色发展方式和生活方式,加强农业面源污染防治,持续改善农村人居环境。五要加强农村基层政权建设,巩固和确保党长期执政的基层基础。六要保障好维护好农民的合法权益,解决好农民群众关心关切的利益问题,让农民吃上长效"定心丸"。

第二章

巩固拓展脱贫攻坚成果

第一节 脱贫攻坚成果巩固拓展的主要内容

脱贫攻坚战全面胜利,标志着我们党在团结带领人民创造美好生活、实现共同富裕的道路上迈出了坚实的一大步。同时,脱贫摘帽不是终点,而是新生活、新奋斗的起点。解决发展不平衡不充分问题、缩小城乡区域发展差距、实现人的全面发展和全体人民共同富裕仍然任重道远。我们没有任何理由骄傲自满、松劲歇脚,必须乘势而上、再接再厉、接续奋斗。

"胜非其难也,持之者其难也。"我们要切实做好巩固拓展脱贫攻坚成果同乡村振兴有效衔接各项工作,让脱贫基础更加稳固、成效更可持续。对易返贫致贫人口要加强监测,做到早发现、早干预、早帮扶。对脱贫地区产业要长期培育和支持,促进内生可持续发展。对易地扶贫搬迁群众要做好后续扶持,多渠道促进就业,强化社会管理,促进社会融入。对脱贫区域扶上马送一程，国家设立过渡期，保持主要帮扶政策过渡期内总体稳定。坚持和完善驻村第一书记和工作队、东西部协作、对口支援、社会帮扶等制度，并根据形势和任务变化进行完善。这样的安排，就是要保证在脱贫攻坚与乡村振兴有效衔接过程中不脱节、不断档、不缺位；保证过渡期整体平稳、平顺、平滑，继续更好地传承脱贫攻坚期间形成的好理念、好经验、好做法，在乡村振兴中有创新、创造和创举，高质量推进"三农"发展。

现在，我们正处在脱贫攻坚成果巩固拓展与乡村振兴有效衔接时期，巩固拓展脱贫攻坚成果，是阶段性、基础性重要工作，扶上马送一程，不发生规模性返贫是底线任务。脱贫攻坚成果巩固拓展，为乡村振兴路夯实基础，对探索实现乡村振兴的路径与方法，意义重大。

脱贫攻坚成果巩固对象是全体农户，主要是脱贫户防返贫、一般农户防致贫和现有基础设施、公共服务、产业发展等补短强弱，继续巩固拓展脱贫成果。

一、脱贫户防返贫、一般农户防致贫具体内容

一是安全住房。脱贫户中的生态搬迁户、易地搬迁户均有安全住房，但由于在村有耕种、养殖等生产活动，或有老人故土难离等特殊缘由，有个别户仍借住在村，需对其在村住房进行实地排查，叮嘱其修缮或搬迁至安全住房，危房中绝对不住人，确保安全。黄山村四组李姓脱贫户，家有3人，其中一人长期在西安务工，一人在城区务工，剩余一人长期在家。长期在家者患有心脏病，主要以采药为生。他们家的安全住房在大荆镇扶贫易地搬迁小区，曾多次动员催促其实际搬迁，但其仍居住在村里其兄屋中。村干部和驻村干部入户排查后，安排原村小学提供一间房供其居住，以确保安全。对在村非搬迁户，必须逐月逐户排查，特别是汛期前，一定要逐户入户实地查看，采取"人盯人"机制，

细之又细，排险撤离，绝对保证群众生命财产安全。

二是安全饮水。对所有类别的搬迁户而言，均有自来水，基本不存在安全饮水方面的困难问题。重点是在村住户，需要及时排查水源、管网是否存在堵塞、滴冒跑漏问题，及时发现及时处置，确保群众有水吃，方便取水，水质安全。另外有三种情形必须特别关注：一是冬季严寒，可能会导致水管冻结、破裂，或汛期遭遇洪涝，导致饮水管网损坏，水源堵塞，或遭受持续干旱等突发状况，都或将影响群众用水，必须立即启用水井，或应急供水，保障群众正常生产生活；二是排查发现或接群众报告安全饮水方面的问题，都要第一时间到现场查看，第一时间应急处置，对于村上暂无力解决的，要第一时间及时上报镇政府或由村水管员报告公司，请求协助处置；三是五保户、独居老人、临时困难家庭等特殊人群，需要经常入户排查，或修或购置蓄水设施，或于冬季持续严寒出现缺水状况时，确定专人负责供水，将安全饮水保障到位。

三是家庭收入。把促进家庭劳动力就业、稳定增加工资性收入摆在更加突出位置。逐月动态询问外出务工工种、时长、地点及收入等基本情况，核计务工收入。务工收入是目前农村家庭的主要收入来源，如发现发生意外伤害，导致家庭收入异常，必须核实。排查养老金、高龄补贴、低保金（含分类施保）、残疾补助及护理费是否按时足额发放，这是家庭收入的重要组成部分，对于家庭无劳动力、缺劳动力的脱贫户来说，是该户的主要家庭收入来源，保障着基本生活。产业中绝大多数是自产自食粮食、季节蔬菜，特色果业、药材、养殖等中长期产业，需要据实按季节核计收入与支出。重点排查家庭成员突发疾病、发生意外伤害或伤亡，导致家庭支出剧增，收入骤减。如发现此类情况，需要及时进行入户核实，及时跟踪进行政策性干预，使这些户不出现生活困难。

四是医疗保障。群众的生命安全高于一切。脱贫户中因病残返贫的户，和发生意外伤亡以及还患有大病的户，医疗帮扶与保障仍是巩固帮扶重点。需要核查慢性病签约服务落实情况、住院"三重保障"政策落实情况是否达标。重点关注原病情新发展，新发现重大病情或意外伤残，导致家庭收入骤减、支出剧增的户，需要及时入户核实了解掌握情况，及时报告反馈上级，及时尽最大努力给予政策干预或动员帮扶单位等各方面给予有力帮扶，这也是各个驻村帮扶单位在巩固脱贫攻坚成果方面的重要责任。

五是义务教育。保学控辍是脱贫硬指标，理应也是成果巩固的重点。各村两委会、包村驻村干部要通过随机询问、与当地学校对接、入户询查等方式，了解掌握义务教育阶段学生就学状态。其中，要特别关注初中三年级学生中有厌学情绪的学生、父母长期外出务工留守在家的学生、父母离异或组合家庭的学生。对有厌学、辍学等倾向的学生，要入户配合家庭、对接所在学校，共同做好学生的思想、心理疏导工作，确保其完成九年义务教育，不发生辍学。同时教育学生，特别是教育家长要自觉遵守《中华人民共和国义务教育法》《中华人民共和国家庭教育促进法》，动之以情，晓之以理，给予孩子继续学习的机会，学一技之长，使孩子成为一个能自食其力的合格劳动者。

二、脱贫成果巩固拓展

脱贫攻坚成果巩固不仅关乎群众生产生活的稳定，同时，巩固完善基础，补短强弱，夯实公共基础设施、公共服务、产业发展基础，要不断提高群众生活质量，激发干部群众干事创业内生动力，不断提高干部群众精气神，接续乡村振兴。

脱贫攻坚期间因应各村实际情况，由国家投资建设、帮扶单位捐资建设、爱心人士以及社会各界捐建的群众服务中心、村组道路、便民生产桥涵、饮水管网、灌溉管网、公共照明设施以及农业设施等，属所在村集体资产，均属村集体所有，全体村民共有共享。这部分公共基础设施为推进脱贫攻坚发挥了重要作用,是脱贫攻坚重要成果之一,仍继续服务群众,服务村经济社会发展,是提高群众生产生活质量的坚实基础。在脱贫成果巩固期间,需要保护好、发挥好公共资产的作用,需要村级落实责任,明确分工,责任到人,如村级安全饮水在村民委员会统一领导下,由村水管员负责监测修缮维护;村组路、河道必须由路长、河长负起责任,坚持排查,特别是汛期出现损毁,第一时间设立警示标志,防止发生不必要次生伤害;公共照明设施,可归口于所在组组长负责日常管护;其他设施可按照"谁使用谁受益谁负责"管护机制,强化管理,建立报备管护、维护记录、奖惩措施,挂牌公示,自觉接受群众相互监督,相互促进。做好宣传教育,宣讲相关知识,公开服务电话,畅通报告渠道,形成村两委会主抓、责任人具体抓的责任机制,群众监督,做好日常维护,保障正常有效运转,发挥服务群众生产生活,提高生产生活质量,发挥促进村经济社会高质量发展的基础性作用,这也是乡村治理的重要方面。

产业是脱贫的有效途径,也是乡村振兴总抓手,是解决农村一切问题的根本途径。脱贫攻坚过程中,各级党委政府把脱贫产业培育作为重大措施,付出巨大的人力、物力和财力,采取了技术支持、奖励补贴、入股认领、拓展销售渠道等有力举措,激发脱贫群众发展产业,对如期达标脱贫发挥了重要作用,如陕北苹果产业带动老区人民早日脱贫。现今,这些产业已有一定的基础,在脱贫成果巩固乃至乡村振兴期间都需着力抓实抓好,抓出成效。在成果巩固期间,对原有入股认领的产业,虽然已退股,划归村集体经济,村集体受益,但需要制定统一明确的收益分配管理办法,规范管理,保证公正合理有序,继续惠及群众,特别是特殊困难群众。要严格执行公开公示程序,自觉接受群众监督。原立足本地区实际、符合本地土壤气候条件,有龙头企业引领支撑、经实践证明可为有效的产业,应该继续强化技术培训指导,精细化管理,力求高质量发展，高效产出。对不符合种植的，及时指导调整，如商州区菊芋产业，适应沙土地种植，需要及时调整，发挥更大效益。对于各地方的特色果树、食用菌、茶叶、中药材等，以及养殖产业，应保持一定的奖补，继续激发农户农业产业发展内生动力，促进产业可持续健康发展。"大国小农"是我国"三农"的基本特征，将长期存在。因此，村党支部、驻村工作队要紧盯产业发展，掌握动态，排查主要产业中的短板弱项。目前从总体上来看，主要存在技术掌握不到位、技术跟进服务不及时和销售渠道单一、社会化服务弱等问题，需要村支部村委会支持配合驻村工作队，充分发挥帮扶单位自有优势、协调优势，补足技术服务短板弱项，根植市场观念，引导农户，生产符合市场要求的优质绿色安全放心的农产品。驻村工作队要发挥自身消费群体优势、联系广泛优势、市场信息畅通优势，积极持续加大消费帮扶力度，以销促产，持续推进产业发展。这项工作在实际操作上，难点在于村两委会与驻村工作队能否高效一致，相互配合落实，关键在于协同构建一种长效帮扶机制，常态化持续推进，而非节点式、应景式帮扶。

现阶段要将脱贫攻坚成果巩固拓展放在更加突出位置，坚决守住不发生规模性返贫底线。要正确认识巩固拓展脱贫攻坚成果与乡村振兴的关系，切实找准工作定位，坚持一手抓巩固拓展脱贫攻坚成果，一手抓全面推进乡村振兴，做到两手都要抓，两手都要硬，守底线，抓衔接，促振兴。

案例二

黄山村脱贫攻坚成果巩固拓展实践

2021年，陕西省一共选派驻村第一书记、驻村工作队员25155名，组建8228支驻村工作队进驻帮扶村，开展脱贫攻坚成果巩固拓展，有序衔接乡村振兴，保持驻村工作稳定性、连续性。2021年以来，大力推进实施风险摸排网格化、监测预警信息化"两化管理"，做到全程监管、清单交办、精准帮扶、定期通报、绩效考核五个坚持，实现早发现、早干预、早帮扶"三个到位"，坚决守住防止规模性返贫底线。

黄山村是西北大学驻村帮扶村。该村是一个非贫困村，2020年底已全部达标脱贫退出。2021年以来，驻村干部会同村两委会，采取网格化排查模式，构建"入户调查、两委研判、干部包户、政策干预、跟进帮扶"的工作机制，每月进行入户务工人员动态监测和家庭收入核实核计，排查全部农户"两不愁三保障"及安全饮水存在的短板和困难，第一时间核实，第一时间跟进政策干预，及时给予有力帮扶，确保群众"两不愁三保障"及安全饮水核心指标不发生困难问题，坚决兜牢返贫底线。

我们在日常排查中，发现五保户王过芳家的自来水管破损，无法正常使用。村支部书记亲自上门维修，更换安装，保证饮水。4月，在排查中发现二组郭印川等16户本属于集中供水，但家中的自来水只有早上有一点，其他时间段就没有了。及时上报后，村里的水管员实地来查管网，发现二组坪里管道破损，会同商州区水管部门很快修好了，整体解决了16户饮水难题。驻村工作队在工作中得知，六组郭姓、马姓农户家中主要劳力在务工过程中发生意外伤害住院治疗，耽误务工，家庭收入骤减，支出剧增，驻村干部上门了解具体情况，慰问安抚家人情绪。村四支队伍核实研判后，向镇政府申请，为两户办理临时救助，帮助渡过难关。养殖产业一直是被重点关注支持的产业，冬春草料不足一直是短板，驻村工作队反复入户走访，掌握各养殖户思想动态、规模现状、当年增量，继续进购优质草种300公斤，分发到21户养殖户，并监督播种到地，讲解指导田间管理技术方法。严格保学控辍，坚持教育帮扶，年度资助初高中、大中专学生28人，全村6年累计升入大学继续学习的大学生达63名。关爱老人，通过聘请村医月入户巡诊、组织医疗专家入村义诊、举办重阳节活动等方式，为老人送去人文关怀、健康指导服务。汛期组织干部群众进行演练，落实"人盯人"责任，准备充足物资，保证群众撤得出、衣食无忧，确保群众生命财产安全。汛期之后，整治环境卫生，抢修水毁道路900多米……这些有效举措，有力巩固了脱贫攻坚成果。同时，通过院落会、乡贤会等形式，征集村发展意见建议，群策群力，确定了目前需要干且能干的几件事，随之推进实施了设施大棚建设，引导发展设施农业，优质农产品进高校直销，消费帮扶。据不完全统计，全村年新增牛羊存栏150头（只），养殖业持续健康发展。

这仅是巩固脱贫成果的一个工作缩影，也是一个新开始。我们深刻体会到，做好脱贫成果巩固拓展，是一个细致求实、不断重复的过程，需要有耐心和恒心。如果在认识上"刀枪入库，马放南山"般放任，态度上"事不关己高高挂起"不作为，作风上"你报来我再看心情办"小官僚，巩固拓展脱贫成果实效或将大打折扣，因此，需要加大暗访督导落实力度。

第二节　脱贫攻坚成果巩固拓展工作方法

科学有效的工作方法能有力促进工作落实，提高工作效能。脱贫攻坚成果巩固拓展是中央一项重要工作部署，是乡村振兴的首要工作任务。各级党委政府应以更高的政治站位，更多科学管用的举措，带领域内的乡村干部推进落实。要使这项工作取得实实在在的、令群众满意的成效，必须采取有效管用的工作方法。

一、脱贫攻坚成果巩固重点在于及时动态排查发现问题、入户核实研判、及时跟踪帮扶，取得实效

一般通过农户自报、中心户长（片长）查报、四支队伍入户排查和上级部门比对反馈四个途径排查发现问题。

一是农户自报。农户根据自家情况变化，可自行上报相关情况。如自有住房出现开裂、倾斜、漏水等安全隐患；水管破损，严重漏水，无法保证正常饮水；家庭成员突患大病，或发生意外伤害导致家庭支出剧增、收入骤减；家庭种养产业突遇自然灾害、疫情，已造成较大损失或绝产等。安全饮水、家庭成员健康、家庭收入、产业出现异常变化，影响家庭正常生活时，可向所在村民小组中心户长（片长）、村干部、驻村干部反映情况，提出合理诉求，接报者应是第一责任人，及时反映，待核实研判处置。要公开村主要干部的联系方式，或设立便民服务信箱，群众有诉求可直接上报或投递信箱。信箱内的信件由村民监督委员会主任定期取出，登记反馈，畅通群众诉求自报渠道。尽可能方便群众，要做到反映有渠道，诉求有核查处理，困难有人帮。紧密干群关系，化解矛盾，减少信访或越级上访，营造团结高效务实的工作氛围，这也是"我为群众办实事"的重要举措。

二是中心户长（片长）查报。中心户长常年在村，居住本组，熟悉本组各户情况，具有诸多方面的优势。中心户长每周对本组农户家庭发生的重大变化、发现的异常问题或群众反映的问题，逐一登记报告村两委会，交由村四支队伍核查处理。从各村中心户长工作实绩上看，反映报告问题不多，大多数周报告是"无"，但实际上并不是没有。因此，需要向村民反复明确所在组中心户长是谁，其主要职责及联系方式。同时，加强对中心户长进行指导培训，使其真正成为巩固脱贫成果、发现

问题的骨干力量，筑牢村组管理网格。

三是四支队伍入户排查。入户走访是了解发现问题、密切干群关系、凝聚团结力量的有效方法，是"四支队伍"的一项基本功，需要基层工作者坚持，特别是新任村干部和新轮换到岗的驻村干部。这是基层一线工作者服务群众主动性、担当作为的重要体现。入户走访可以是直接家访，也可以是田间地头随机交流，也可以是三五成群聚于某家院落闲聊，从交谈交流中发现问题。切记，家访交流越随意、越随和，越能得到真实情况。一般事后逐一补写记录，集中核实研判。当下，入户调查调研已然是基层工作短板，聚集办公室者多，入户走访群众者少，主观臆断多，实际调查少，需要上级党委政府强化监督落实。

四是上级部门比对反馈。上级有关部门通过大数据比对发现问题或接投诉反映问题，逐级反馈，直到村级核实处理，处理结果需按时反馈上去。一般经这一渠道反馈的问题，均纳入问题清单，有一套严格的销号管理程序，所以各级都比较重视，工作效率较高。上级反馈问题中也包含信访反馈问题。信访反馈问题，各级非常重视，一般由镇村两级一并核实处理，限期整改销号。程序复杂，要求严格，耗时耗力。故而说，做细做实日常工作，疏通问题反馈渠道，第一时间调查掌握实际情况，第一时间切实解决群众困难，巩固脱贫成果，"通则不痛。"同时也有效化解矛盾，最大限度降低信访率，将矛盾化解在基层，小事不出村，大事不出乡镇，通过疏导化解越级上访，维护社会平安，是乡村治理最基础、最原始、最管用的方法。

二、问题核实分析

发现问题之后继而进行核实分析是必经的重要环节。核实问题真实性，分析其原因所在，这个过程是与群众交谈交心的过程，很多问题就是在这个过程中被化解的。针对涉及脱贫攻坚成果巩固方面的实际问题，结合当下政策和客观实际，初步拟订解决方案。这里特别强调，村干部、驻村干部一定要做到两个吃透：一个是熟知吃透政策，明确政策条件、程序；一个是熟知吃透群众问题。这样才能真正做到有效结合，制定的解决方案才可能有效管用，切实可行。如果心中无数，含含糊糊，只有想法，不能真正做到结合，就不可能有切实可行的办法。

三、四支队伍研判

根据问题性质，结合诉求，依据对应政策规定，将政策用足用好，研究制定方案，按程序办理。对政策措施尚无法解决的，或还不足以解决的，商议由驻村工作队申报帮扶单位协助解决，最大限度地进行帮扶，及时跟进落实，不对群众生活造成影响，达到巩固脱贫成果，不发生返贫或发生新的贫困。这里要再次强调厘清问题、分析准确、把握政策，用好用足政策，方案合理公正，规范入户核实→民主评议→公开公示→审核批准等程序，记录完备可查，行动迅速高效，及时反馈当事人。对政策之外，或暂时无法解决的困难与问题，需要做细致说服工作，解释清楚。对涉及多数农户的诉求诸如产业、医疗问题等，要主动作为，尽力而为，量力而行，力求实效，切忌装聋作哑、不闻不问，或亲疏有别，滋生新的矛盾，或只答应不落实走形式。

四、落实反馈

一切工作成效都是由精准落实得来的。脱贫攻坚成果巩固中简化缩短时间，一般在15天内办理落实完毕。任何问题，无论大小、难易，都要件件有落实，事事有回音。做到"三到"，即该说的要说到，该做的要做到，该做的结果要见到。群众利益无小事。对群众反映需要解决的困难问题，处理结果要反馈给群众。切记，做了没有回音，特别是那些在现有条件下暂时还不能有效解决的事情，一定要反馈，与群众再沟

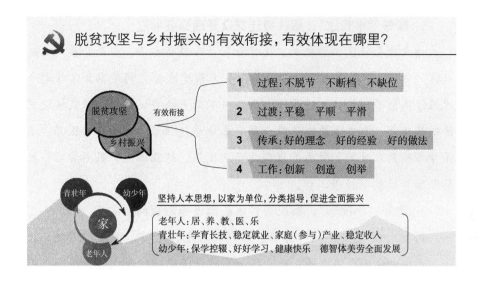

通，取得群众的理解支持，这是起码的工作程序，既是对群众负责，也是对自己负责。反馈可以采取口头和书面两种形式，对于房、水、产业等实际存在的问题，可以采用现场办公方式，用事实予以反馈证明；对于涉及资金方面的问题，以纸质办理结果书面反馈给群众；对于上级反馈的问题，严格程序办理，以问题销号单书面反馈。

案例三

平利县移民搬迁安置
社区乐业安居"十小"惠民工程

为深入贯彻落实习近平总书记来陕来平考察重要讲话重要指示精神，高质量推进"山上兴产业、山下建社区、社区办工厂"，确保搬迁群众"搬得出、稳得住、逐步能致富"，结合平利实际，大力实施乐业安居"十小"惠民工程。

1. 建好"小管家",解决搬迁群众管理服务问题

建立健全社区工作机构,提升社区管理服务水平。全面开展"五新社区"创建,300户以上的安置社区全部创建达标。制定安置区住宅专项维修基金管理办法,稳步推进安置房不动产权登记办证。积极推进户籍制度改革,依法保障搬迁群众原有土地承包权益,全面落实医保、社保等各项惠农政策,聚力做好群众产业发展、就业落实、服务管理、权益保障和后续扶持等工作。

2. 建好"小配套",解决安置区基础设施短板问题

聚焦大型安置区,对道路、饮水、用电、通信、排污、环卫、绿化、亮化、公厕、停车场、充电桩等基础设施进行配套完善,实现提质扩容,增强服务功能。

3. 建好"小平台",解决搬迁群众居住质量问题

规范提升大型安置社区活动中心、卫生室、警务室服务水平,规划建设图书阅览室、老年活动室、儿童托管中心、日间照料中心等配套服务设施,立足实际配建健身活动场所,满足搬迁群众公共服务需求,提升居住和生活质量。

4. 建好"小库房",解决搬迁群众物资物品存放难问题

充分利用集中安置区附近腾空收回的易地扶贫搬迁旧宅中安全的连体房、政策保留房等,就近就地集中解决搬迁户生产工具、棺材寿木等存放问题。同时,按照统一规划、统一管理的原则,在有条件的集中安置区周边建设小型库房,供搬迁户存放物资、物品等使用。

5. 建好"小餐厅",解决搬迁特殊群体吃饭问题

在大型集中安置区开办"爱心"餐厅,引导社会志愿服务,为重残、重病、智障等生活不能自理的搬迁群众,提供集中就餐和送餐上门等服务,照顾好他们的吃穿起居,解决日常生活困难。

6. 建好"小课堂"，解决搬迁群众技能培训问题

建设 11 个集镇安置社区职业农民教育培训基地，由人社、扶贫、教科、农业农村、司法等部门分别组成专家团队，采取"群众点单，政府做菜"的方式，通过集中、巡讲、实训、自媒体等方式，有针对性地组织开展创业就业培训，为群众就业增收打牢基础。

7. 建好"小厅堂"，解决搬迁群众婚庆嫁娶场所问题

统筹利用闲置资源，作为搬迁群众婚庆嫁娶的专用场所，实行有偿使用，统一管理。加强农村社区婚庆理事会建设管理，移风易俗，倡导社会新风尚。

8. 建好"小市场"，解决搬迁群众融入问题

创造条件引入金融、邮政、电信、电力、供销、经贸、交通等在大型安置社区设点服务，科学布局生活超市、金融网点、公交站点、电商网点、快递物流等服务设施，积极建设农产品线上线下交易市场，拓展农产品销售渠道，推进社会消费扶贫，逐步打造功能完善、生活便利的智慧型安置社区。

9. 建好"小菜园"，解决搬迁群众吃菜难问题

通过土地流转等形式，在大型安置区周边集中建设相应规模的"安心菜园"，解决搬迁群众吃菜难问题。对有种菜愿望、具备种植能力的搬迁户，合理配置菜园种菜。

10. 建好"小公墓"，解决农村文明殡葬问题

按照尊重习俗与移风易俗相结合的原则和殡葬管理相关要求，科学规划，合理选址，稳步推进农村公益性公墓建设，实行统一管理，解决搬迁群众安葬老人问题。"小公墓"后续服务、绿化、防火等由各镇聘请生态护林员进行管理。

第三节　脱贫攻坚成果巩固督导与成效检验

凡事有作为方见结果。脱贫攻坚成果巩固事关群众利益，关乎乡村振兴战略落地，丝毫马虎不得。工作督导巡查已成为常态，在促进工作向实有效上发挥了重要作用。但从实际情况看，重视监督，找问题者多，只对上反馈问题，再由上面下发通知要求底下整改；现场指导者少，督导作用没有更好得以发挥。基层疲于应付，耗时耗工，事倍功半，效能较低。督导重在查找基层工作疏漏，纠正政策领会执行偏颇，校正程序错误，辅导基层准确把握政策、规范程序、科学有效的工作方法，突出查处不严不实、弄虚作假及欺下瞒上的恶劣行为。督导检查可以以服务群众为主要对象，从群众的"两不愁三保障"及安全饮水等核心指标实际情况进行核查，从反映问题解决成效、满意度进行调查，反映村级成果巩固工作实绩、存在问题，有针对性地监督指导村级工作持续向实向好。也可以与村干部、驻村干部一起就某一问题展开讨论，在讨论中教工作方法，帮助一线同志理思路，提高一线同志思想认识和工作能力。如果能多采用这种"现场教与学"的方式，一定会取得事半功倍的效果。

现在，村级工作效率低除个人原因外，主要在于分工不明确、没有一套实用管用的方法。职责交织，程序不清，经常出现推诿扯皮，似乎只有支部书记说了算，对群众诉求则以此搪塞，让群众反复跑，一次能办的事，跑上几次，一次可办的事，久拖不决，影响干群关系和党与政府形象。

通过四种渠道发现问题、研判、干预、帮扶等路径，不断巩固脱贫攻坚成果，防止发生返贫致贫。在日常工作中，乡镇党委政府要定时督

导,村级应严格按照程序狠抓落实,采取两种方法督办落实:

一是设立村级工作督办落实牌,写明目前问题事由、责任人、完成时限和办理结果,做到工作安排日提示,自我监督促落实。

二是区县政府出具脱贫攻坚成果巩固清单,列出具体问题、责任人、时限要求,问题整改完成后由户主签字确认,做到问题明确、责任人明确、时限要求明确、结果明晰、户主签字,闭环操作,有始有终,促进工作落实。

乡镇党委政府负责日常村级督导检查工作,重在日常督导,提高认识,推动工作落实,提高村级干部工作能力。检查要多深入群众中了解,听取群众反映与评价。上级检查更需采取轻车简从,直接入户方式。同时,设立问题反馈通道,听取群众呼声。

第四节 乡村振兴调研与规划

一、指导思想

以习近平新时代中国特色社会主义思想为指导,深入贯彻落实党的十九大精神,紧扣"追赶超越"定位和"五个扎实",牢固树立和认真落实新发展理念,积极实施乡村振兴战略。按照"产业兴旺、生态宜居、乡风文明、治理有效、生活富裕"的总要求,聚焦"扩面、提速、集成",以改革创新为基本动力,建立健全城乡融合发展体制机制和政策体系,实现乡村产业振兴、人才振兴、文化振兴、生态振兴、组织振兴。坚持农业农村优先发展,坚持绿水青山就是金山银山,践行以人民为中心的发展思想,以建设生态宜居美丽乡村为导向,以农村垃圾、污水治理和村容村貌提升为重点,动员全社会力量,整合资源,强化举措,加快补短板,为全面推进乡村振兴创造良好前提基础。

二、规划原则

1. 生态优先,共融共生

从整体上对乡村的生态、生活、生产问题进行实践探索,以保护自然生态环境为前提,体现人与自然的融合共生。

2. 延续风貌,彰显特色

梳理保护村域内原有景观格局、居住风貌,延续村庄肌理与空间形态特征,充分考虑地形地貌,适当兼顾民风民俗,展现村庄的个性与自身特色。

3. 因地制宜,合理定位

立足村内实际情况,因地制宜,升级农产品产业链,提升一二三产业之间的融合度,促进生态产业的集约节约化的高效高质量发展。

4. 科学布局,适当超前

把满足农民的生活、生产和发展需要作为规划的出发点,依据村庄区位、自然资源、地质等条件,优化村社的基础设施以及公共服务设施布局。

三、规划内容

1. 目标定位与规模预测

按照"产业兴旺、生态宜居、乡风文明、治理有效、生活富裕"的总要求,依据上位规划和村庄分类成果,充分考虑村庄资源禀赋、经济社会发展和人居环境整治等要求,合理预测人口规模,确定村庄发展定位,明确村庄近期、远期发展目标。

2. 空间布局与振兴格局

优化乡村"三生"空间，统筹划分村域生态空间、农业空间、建设空间，明确各类空间的管控要求。

3. 三产融合与产业振兴

根据村庄立地条件和发展需求，科学划定产业功能分区，明确村庄产业发展思路和主导产业类型。引导农村产业一二三产业融合发展与新型城镇化建设有机结合，延伸农业产业链，大力发展农村新产业新业态。

4. 居民点布局与建设管控

结合村庄布局现状，充分考虑村庄户数及人口规模、宅基地面积标准、产业布局需求、公共服务设施和基础设施建设需求等因素，合理划定村庄建设边界，确定各类建设用地规模和布局，明确建设管控要求。

5. 风貌引导与人居环境

从基层污染治理、农田整治提升、道路整治提升与绿化景观整治、村民庭院整治、公共空间整治与村庄建筑风貌引导等方面进行分类整治，完成村庄风貌整治规划。

6. 基础设施与公共服务设施

村庄规划配套的基础设施和公共服务设施，要根据人口和服务半径分级配置，补齐基础设施和公共服务设施短板。

7. 乡村文脉与文化振兴

按照保护优先的原则，提出开发利用历史文化资源的方式，将历史文化保护与乡村振兴、社区营造相结合。

8. 国土综合整治与生态保护修复

根据当地土地整治存在的问题，提出农用地整理、建设用地整理、生态保护修复、土地复垦、未利用地开发等管控要求。

9. 安全和防灾减灾

提出综合防灾减灾目标，明确预防和排除各类灾害、危害措施，确定相应设施建设位置、标准,划定应急避险场所。

10. 规划建设安排

合理确定建设项目清单的规划时序与建设安排。

四、技术路线

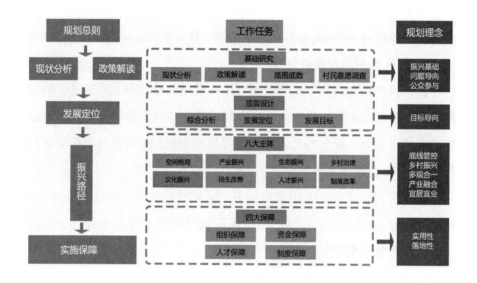

五、关注因素

1. 产业振兴

乡村振兴,产业兴旺是重点。产业兴旺是乡村振兴的物质基础。产业发展是村庄经济健康发展的支柱。围绕农村一二三产业融合发展,构建乡村产业体系。要形成绿色安全、优质高效的乡村产业体系,为农民持续增收提供坚实的产业支撑。推动实施质量兴农、绿色兴农、品牌兴农战略,大力发展现代高效绿色农业,加快转变农业生产方式,提高农业供给体系的质量和效益,促进就近就地就业,全面推进农业农村现代化。

2. 生态振兴

乡村振兴，生态振兴是关键。习近平总书记关于实施乡村振兴战略强调，要树牢绿色发展理念，推动生产、生活、生态协调发展。新时代推进乡村生态振兴，就是要建设生活环境整洁优美、生态系统稳定健康、人与自然和谐共生的生态宜居美丽乡村。

3. 文化振兴

乡村振兴，文化振兴是保障。习近平总书记指出："乡村振兴，既要塑形，也要铸魂，要形成文明乡风、良好家风、淳朴民风，焕发文明新气象。"乡村传统文化、民风民俗、建筑风貌带有浓厚的地域特色，是守望乡土情结、留住美丽乡愁的重要内容。充分挖掘村庄的文化、乡风民俗、建筑特色，基于此做好文化村的保护、传承，合理发展文化旅游，彰显地域特色，实现文化传承保护与经济发展共享共赢的发展格局。

4. 人才振兴

乡村振兴，人才振兴是动力。注重乡村振兴人才队伍的建设，制定科学合理的人才引进方案，解决人才对乡村存在的忧虑，在物质上和精神上提供保障，让人才愿意投入到乡村振兴的事业中来。同时要注重本地人才的培养教育，制定有关返乡创业补贴的政策，积极鼓励返乡青年创业就业。加强对乡土人才的培训力度，开办专业技能培训学校，为农业种植、技术加工等方面提供培训渠道，让乡村人才的自身能力"强起来"。

5. 组织振兴

乡村振兴，组织振兴是基础。创新乡村组织体系，走乡村善治之路，强化农村基层党组织领导核心地位。党管农村工作，是新时代乡村振兴战略的最大特色所在，是建设社会主义现代化和实现乡村振兴的最根本的制度保障。

六、注意事项

1. 构建乡村振兴新格局

统筹城乡发展,推进城乡规划一体化,优化乡村生产生活生态空间布局,对城乡协同发展做出安排,提出不同类型的乡村振兴路径、实施要求、优先任务和工作方法。坚持乡村振兴与新型城镇化双轮驱动,统筹国土空间开发格局,优化乡村生产生活生态空间,分类有序推进乡村发展,构建城乡协调联动的融合发展格局。

2. 全面推动乡村五大振兴

围绕加快农业现代化步伐,建立农村产业融合发展体系,以及建设生态宜居乡村,繁荣发展乡村文化,完善乡村人才引入与培育工作,健全乡村组织体系。

3. 切实改善民生

乡村振兴应实现农民在生产生活各方面的振兴,让农民与现代化发展接轨,实现脱贫与持续稳定增收的同时,充分享受社会各方面保障的红利。乡村振兴,生活富裕是根本。坚持在发展中保障和改善农村民生,围绕农民群众最关心、最直接、最现实的利益问题,加快补齐农村民生短板,满足农民群众日益增长的民生需要,把乡村建设成为幸福美丽新家园,让农民群众有更多实实在在的获得感、幸福感。

4. 推进乡村制度改革

实施乡村振兴战略,必须把制度建设贯穿其中。重塑城乡关系,强化制度性供给,加快建立健全城乡融合发展的体制机制和政策体系,走城乡融合发展之路。通过乡村振兴稳定和完善农村基本经营制度,深化农村土地制度改革,完善承包地"三权"分置制度,保护农民的土地权益。

5. 强化支撑和保障

建立健全政府、市场、社会协同推进机制，科学配置资源，鼓励创新创造，强化责任落实，广泛动员全社会力量，切实形成乡村振兴的强大合力，保障乡村振兴战略顺利实施。深化农村体制机制改革，强化人、财、物等发展要素保障。

[案例四]

淳化县咀头村"五驾马拉车"规划乡村振兴

辛丑年国庆假期，我和夫人一行回淳化老家，专程去拜访老朋友咀头村支书杨铜川。多年再没有来过，询路而至，眼前的村庄大变模样，街道笔直干净，民居整齐洁净，道路旁停放着不少大小车辆，秦腔《杀庙》的优美秦声秦韵飘然入耳……

漫步村落，按照指示牌，看到一处咸阳北塬最古老的民居"地窨院"。俯视而下，里面有四孔窑洞，院子中央有一棵老山楂树，郁郁葱葱，红彤彤的山楂挂满枝头。窑面上放着一套石碾子，游客可以推碾，体验先民生活，唤起一段段乡愁，我们几个也乘机推了起来。那股秦声就是从地窨院侧面传来的，那里正在演出秦腔，台下坐着不少老年男女，如醉如痴地听着。我们一行随后去了关中美食一条街，只见整齐划一的黄色招牌迎风飘摆，只是店铺因为疫情暂时歇业。拾级而上就是中华姓氏堂广场，广场洁净如洗，假山静穆，水流潺潺，两旁设有餐饮、超市和黄土高原特色纪念品零售店。一处挂有"淳化咀头酒业公司"招牌的办公室里，几位工作人员正忙碌着。中华姓氏堂坐西向东，雕梁画栋，庄严肃穆。广场拐角处有棵小槐树，据说，原有的老槐树曾被烧毁，现在的小槐树是老槐树根部新发长成的。

走出文化街口，正好遇见负责防疫的村民，便攀谈起来。"你们村搞得很不错嘛！""不错，啥都有咧！每年有十多万人来我们这儿玩。""上次村上办的那个万人饸饹宴，人山人海的，从来没有见过那么热闹。""天天唱秦腔大戏，美得很！"负责防疫的乡亲们你一言我一语，眉飞色舞地夸赞着。"你们产业咋样？"我又问了一句。"原先有苹果，还不错，后来不行了，村上又组织搞起红提葡萄，游客进园采摘出售，不出村就卖了，还能卖个好价钱。"一位中年男子抢先说道。"你们为啥搞得这么好呢？"我不禁又问道，其实这是我最想知道的。"咋说呢，我看主要是我们有个好支部，有个好支书，村上规划安排得好。"一位老者答道。在我们交谈的时候，与我同行的几个人早已到村游乐场玩起来了。

中午后，杨铜川支书从外边匆匆赶到家，见面后我们就聊了起来。"全村现在都如期脱贫了吧？"我职业病似的问道。"我们村建档立卡贫困户39户161人，都已经达标脱贫了，这根本不是问题，到2020年底全村人均收入14800元，现在更多考虑的是如何再增收，大家共同富裕。"杨支书开始介绍他们支部一班人带领群众脱贫致富，招商引资发展经济的感人故事。据了解，咀头村现有葡萄2650亩、油桃506亩、樱桃450亩、花椒219亩、粮食416亩，实现户户有产业，是陕西省"省级现代农业示范区"和"一村一品示范村"。"按照习总书记提出的望得见山、看得见水、记得住乡愁的要求，在各级党委政府大力支持下，我们两委会一班人，立足咀头实际，外出考察学习，反复征求群众意见，又反复研究论证，做好村上的振兴规划。按规划一步步实施，一年接着一年干，才有你们今天看到的初步成效。"杨支书满脸堆笑说道。咀头村已成功引进陕西金丝谷文化产业发展有限公司等8家企业入驻，打造成立了陕西金咀头美丽乡村建设管理有限公司、农夫乐园、渭北风情园、泥河谷博物馆、益众现代农业体验园、研学基地等一批项目，发挥自身优势，在规划基础上，加大招商引资，基本形成了集现代农业、乡村旅游、餐饮、传统文化、民宿度假"五驾马拉车"的乡村振兴发展格局。"产业带动村民都动起来了，可以就地务工，经营自己的产业，也就不再外出务工。今年就有 20 多个青年回村就业创业，收入不比务工差。收入高了，村民素质、文明程度也高了。"杨支书继续说道，"下一步我们计划将农户家庭住房改造装修 200 户，现在已装修 25 户，可以接待城市老年人居家养老。每户可接待 3~4 人，有独立的卧室、卫生间、洗澡间，共享餐厅、客厅，每户设计有半亩田园，由来此康养的老人参与耕种。全村下来可接纳 1200 人，年增加收入 2 万元以上。"

咀头村的今天令人欣喜，美好未来让人向往。昔日落后贫穷村如何变成今天远近闻名的富裕村？"我干了 30 多年的村支书，经验就是要忘了自己，一心为着群众能过上更好的日子，真心听取群众的意见，科学规划，带领村两委会一班人一门心思往前赶，往好干。"杨支书朴实的话语道出了他的真经。他不仅是这样说的，更是几十年如一日团结带领干部群众一步一个脚印干的。

返回出村时，"陕西省现代农业示范区"几个金色大字在夕阳中耀然发光，研学基地建设工地正忙碌着……

第三章

乡村振兴驻村工作

日前,中共中央办公厅印发了《关于向重点乡村持续选派驻村第一书记和工作队的意见》。各驻村第一书记、驻村工作队陆续派驻到位。此轮驻村工作"四项"任务两年完成,时间紧、任务重,需要第一书记和工作队队员趁势而上,攥牢驻村"接力棒"。各行业、各部门、各单位,闻令而动,遵令而行,按照选派标准优中选优,选派政治素质过硬、业务素质过硬、工作作风过硬、年富力强身体健康的优秀人才担任乡村振兴第一书记或驻村工作队队员,奔赴刚刚脱贫的贫困农村,巩固拓展脱贫攻坚成果,接续乡村振兴,使命光荣,责任重大。

第一节 驻村工作心理调适

新选派的第一书记和驻村工作队队员,已在行政机关、企事业单位工作多年,学历较高,具有较为丰富的工作经验。但多数同志对农村农业农民缺乏更多更深了解,一直生长生活在城市的同志尤甚,就是来自农村的同志，因十几年在外求学，毕业后又在城市工作，对农村的认识还停留在过去。城乡差别是发展不平衡不充分的主要表现，也是不争的事实。如今因乡村振兴驻村工作需要远赴农村，而且是去往刚刚脱贫的贫困地区驻村工作，需要有充分的心理准备。

可能会产生心理不适的主要因素

一是环境因素。农村有青山、有绿水、有田园、有牛羊猪鸡等，春夏季节田园绚丽，鸟语花香，秋季有一派瓜果飘香的丰收景致，冬季四野荒凉，寒风凛冽刺骨。农村没有像城市那样宽敞笔直的马路，更多的是乡间小道，时有养殖场散发的臭味，行进路上时有畜禽粪便。如果是季节性观光旅游，别是一番风景，美不胜收。"把酒临风，其喜洋洋者矣！"然而在此驻村工作生活两年，是否还会有这种美感呢？能否接受环境落差与心理挑战，对新派驻村干部而言，是一个考验，需要新派驻村干部尽快适应，尽快缩短对所在村环境接纳、适应、熟悉的过程。

二是人群因素。农村青壮劳力大多数已出外务工，只有逢年过节、邻里近亲好友家中有红白喜事才会匆匆赶回，又匆匆返回。常年住在村里的绝大多数是老人、留守妇女儿童。我曾调查过一个村子，50岁以下长期在村的只有7人。新派驻村干部要适应这个在村人群，如果驻村干部不主动接触这些"留守者"，或将无沟通者。如果不深入了解他们，寻找共同话题，那么，即使朝夕相遇也仅仅是"打声招呼"，再无话可说了。

三是生活因素。农村生活有其固有的习惯。中西部农村绝大多数都是一天两顿饭，早饭在九十点，午饭在下午三四点。老年人有早起的习惯，早早起来做家务，或去田间、果园劳作，或放牧。晚上，当城市华灯异彩、夜生活刚刚开始的时候，农村则是漆黑寂静，人们早已休息。偶有好事者打牌、喝酒的，这也不是驻村干部该去的场合。驻村租住的房子，则因村而异，如在山区农村，用水、上厕所极不方便。偏远贫困村里没有像城镇模样的商店、超市，即使有，可供选择的商品也很有限，不是有钱想买就能买得到的。洗澡不方便，只能将就忍着，回城再洗。我曾经连续33天在村未出，可以说已经臭了，但也没有办法，在村群众亦如是。

四是工作因素。新工作伙伴、新工作内容、新工作要求，都需要磨合适应，村干部的个人品性、做事风格，需了解磨合。新工作内容需要把握轻重缓急，合理分工，推进完成。驻村工作受地方管理，其管理行事方式与机关、企事业单位大不相同，需要适应。有些基础性数据表册较多，早上通知下午就要，下午通知的第二天早上就要，时间紧，随机性较强，仍需赶点完成。微信通知多，会议多，会议冗长，有些会议看似没有实质内容，但也能了解到一些相关情况。面对群众服务，各人的诉求不一，脾气秉性不同，需要细致调查研判拿捏。

提出这些或将影响驻村干部心理的因素，将给新派驻村干部造成一定程度的心理落差，影响驻村干部干事的激情，但目的正是提早预知，让干部做好充分的心理准备，减少出现心理不适。只有克服这些不适，才能满怀信心地投入工作，坚守任期，出色完成驻村工作任务。

那么，如何化解调适呢？

美国心理学家鲍迈斯特（Baumeister）提出的自我损耗理论认为：一个人的心理能量（意志力）是有限的，短期内只能进行有限次数的自我控制；所有的执行功能（自我控制、做出抉择、发起行为）需要的是同一种资源，一个领域的资源损耗会减少另一领域的可用资源；自我控制的过程就是消耗心理能量的过程，消耗后需要一段时间才能恢复，类似于肌肉疲劳后需要休息才能恢复。

因此，只有放弃各种自我损耗的事，才能在要坚持的事上投入足够多的心理能量，以支撑必要的自我控制。

我22年坚持在扶贫一线工作，付出了耐心、诚心和恒心，为这一事业放弃了许多。或许能诠释这一理论吧!

驻村干部心理调适方法

这里,结合自己的实践经验与体会,给出几点心理自我调适的办法,或许对新派驻村干部有所帮助。

一是放下身段,低调处事。无论原来在什么单位,级别待遇多好,学历水平多高,但现在被选派驻村工作,相信每位同志都满怀信心与激情,但"三农"工作对大家来说,尚显生疏,客观存在认知与实际工作短板弱项。需要放下身段,甘当小学生,不可高高在上,以平视的态度对待工作中的人和事。要深入群众之中,与他们交朋友,了解他们的喜怒哀乐、所思所想、"急难愁盼"。从与基层干部群众交往中了解风土人情,掌握村情户情,学习一线工作方法。

二是自然接受,融入农村生活。城市生活与乡村生活存在较大差异,在驻村工作期间,要自觉寻找农村的优点好处,如空气清新、饮水安全、农民纯朴厚道等有利因素。这里有春风和煦、夏花蝉鸣、秋高气爽、冬雪纷纷的四季美景;与大家朝夕相处的群众绝大多数是朴实善良的,与之交往只需给予必要的尊重即可,他们的诉求也不高,绝大多数群众是通情达理的。乡村环境存在一定程度的脏乱差,群众在生活方面仍存在一定的生活陋习,需要想方设法宣传引导,带领干部群众一起动手,逐步改变,这不仅是驻村干部造福群众的工作内容之一,也能从改变中增加自己的信心,也能与干部群众间增加互信,奠定群众工作基础,有力开展工作。

三是早起锻炼,与书为友。能控制早晨的人,就能做好驻村工作。坚持原有的作息,早起床,走进大山、田野,锻炼身体,强健体魄,感受大自然的美好。锻炼途中偶遇群众,则可驻足闲谈。这种闲谈可增进了解,加深友情,能看到真实情况,听到真心话,也是一种实用有效的调研方法。乡村业余文化娱乐生活单调,与城市业余生活有天壤之别,孤独、孤单是驻村常态，借此安宁寂静，带上自己喜好的书籍阅读，与先贤达人交流，碰撞思想，汲取智慧与力量，借以冲淡寂寞，岂不美哉？"缺什么，学什么"，"用什么，学什么"。因实际工作所需，找来政策文件，学习悟透，便于精准施策；学习农业种植养殖类书籍，掌握基本知识技能，学以致用，指导生产实践；主动观摩学习先进产业运行、电商模式；在实践中学习了解新产业、新理念、新方法，拓宽视野，助推乡村振兴。我长期在乡村一线扶贫工作中，应工作之需，主要自学农业科普书籍，结识了很多农业专家，向他们学习，向农民学习，向实践学习，当起了"科技贩子"，业已成为一名农业科技人员，指导群众农业生产，取得了较满意的效果。

四是自备所需，自我调节。根据个人喜好以及所需，自备一定时间段的生活必需品，方便使用。有些村没有商店，距离城镇较远，自备生活必需品及晚间可以充饥的食物，可保障生活正常，舒缓克服生活不便带来的情绪波动。驻村工作远离父母妻儿，相互牵挂剧增，可每天择时视频通话，互通信息，互报平安，缓解思念之情。心情愉悦地安心驻村，专心致志地做实做好每项工作，做出成绩，不辜负组织所托、群众所盼。

第二节　驻村工作思想作风

民族要复兴，乡村必振兴。乡村振兴一线是展现担当作为的战场，更是书写精彩人生的舞台。广大青年干部要在乡村振兴一线肩负重任的过程中，坚定信仰、信念、信心，绽放绚丽之花，精彩中华大地。

坚定信仰，"身入"更要"心至"，确保在乡村振兴一线"融得进"。

把青春华章写在乡村振兴一线,是时代呼唤,是青年应有的追求。唯有点亮理想之灯,照亮人生之路,激扬青春梦想,释放奋斗力量,才能主动投入到乡村振兴的浪潮中。广大驻村干部要不怕基层太远、太苦、太累,要把自己当作浪花,把基层当成充满希望的"蓝海",听从海的召唤,积极投身大海的怀抱。只有初心不忘,身入心至,才能带着感情,踏进泥土,走进老百姓的"心头",真正把群众当亲人、和群众"坐一条板凳""吃一锅饭",与群众融为一体、打成一片,把群众安危冷暖放在心上,问政问需问计于民,才能真正融入基层、扎根基层,在乡村振兴一线绽放青春之花。

坚定信念,"既来之,则安之",确保在乡村振兴一线"留得住"。乡村振兴不是一朝一夕、一蹴而就的事情,而是一项长期工程,需要我们广大驻村干部在不同领域和岗位上担当作为、无私奉献,在帮扶村这个群众最需要的地方绽放绚丽光彩。驻村干部特别是年轻的驻村干部缺乏"基层课"和社会实践课,而基层则是为我们提供有效学习锻炼、蓄积青春能量的最好课堂。在基层工作的经历,对于我们每一位年轻干部,都是一种历练、磨炼,更是一笔宝贵的人生财富。我们不能抱着到基层去"镀金"的想法,要把基层当成人生的"起点"而不是"终点"。只有坚定地成为一颗乡村振兴中甘于奉献的"种子",才能让小小的种子扎根土壤,破土成长,绽放出最绚烂的青春之花。

坚定信心,"召之即来、来之能战",确保在乡村振兴一线"干得好"。实践是最好的老师,遇到困难,更要鼓足劲头,与工作叫板,不会的主动学,不懂的谦虚问,不熟的反复练。只有抵得住压力、扛得起责任,在这条道路上才能越走越远。用奋斗书写青春华章,是青年的使命。只有奋斗,才能激发潜能,茁壮成长;只有奋斗,才能不负使命,完成时代赋予的责任。只有时刻激情满格、状态满弓,不断提高解决实际问题的能力,把全心全意为人民服务作为行动自觉、把行业的最高标准作为奋斗标尺,关键时刻冲得上去、危难关头豁得出来,扛得了重活、打得了硬仗、经得住磨难,让自己在惊涛骇浪中栉风沐雨,在履职尽责中磨砺青春,才能书写好党和人民交给我们的新时代答卷。

火车跑得快,全靠车头带;集体强不强,全靠领头羊。驻村第一书记同贫困群众想在一起、过在一起、干在一起,以"舍小家、为大家"的无私情怀,凭借"大刀阔斧、改革创新"的胆识,在脱贫攻坚第一线创造了彪炳史册的成就,涌现出了黄文秀等一大批先进典型。实践证明,驻村第一书记和工作队选得准、下得去、融得进、干得好,就能成为传播党的声音、落实国家重大决策,带领群众致富、推动持续发展的骨干力量,这是脱贫攻坚形成的宝贵经验和优良作风,必须在乡村振兴一线传承弘扬。

驻村第一书记既是中央政策的落点,又是精准脱贫的支点,还是精准脱贫中联通上下的中坚力量。选派优秀干部到村担任"第一书记"是夯实基层根基,加大基层党建力度的重要举措。驻村第一书记扎根农村听民意,笔尖心尖记民忧,扑下身子解难题,他们是飘扬在最基层的党旗,也是实现脱贫攻坚向乡村振兴平稳过渡的有力后盾。

一是转正身份,攥牢"乡情接力棒"。明白正确的身份是找准工作定位的基础。第一书记和工作队队员大都来自国家机关、企事业单位,无论职位、职级有多高,岗位有多重要,从组织宣布名单的那天起,就是名副其实的"驻村干部",面对的是巩固拓展脱贫攻坚成果、接续乡村振兴工作。要第一时间转变角色,倒掉机关"那杯茶",装进乡村"这杯水",以崭新的面貌接替驻村工作。要心无旁骛地真蹲实驻,交接好"娘家""家务",不能在村与原单位间三天两头跑。要手勤、腿勤、笔勤,采取支部会议、查阅资料、入户走访方式,弄清村情民情。要甘当"小学生",主动拜群众和同事为师,"不耻下问",搞清农村具体情况;"站在巨人肩膀上",吸取成功的经验。

二是转好观念，攥牢"乡亲接力棒"。既来之，则安之。第一书记和工作队队员要身到心也到，切忌"身在曹营心在汉"、出工不出力。要融入"大家庭"，把自己当成"家庭成员"，把群众当成"家里人"。要主动与乡亲们交朋友、认亲戚，做到"老吾老以及人之老，幼吾幼以及人之幼"。要密切联系群众，冷暖皆知，享其乐，担其忧，盘结友谊"根须"，增进"鱼水"深情。倾心倾情倾力帮扶，赢得群众感情认同，让群众摁下"红手印"等"亲人"离别时难舍难分的故事重演。

三是转换角度，攥牢"乡音接力棒"。"少小离家老大回，乡音无改鬓毛衰。"转变一方陋习"易"，改变一方乡音"难"，不同区域的群众都有自己独特的"口音"。"好言一句三冬暖"，会说话、说好话是一门艺术。第一书记和工作队队员要学会换位思考，攻破语言交流障碍，与群众打好交道。要坚持学说群众"听得懂"的方言，与老人交流时，将语速放慢点，或者请人当翻译。要坚持学说群众"愿意听"的短语，宣传宣讲时多讲些口语、俗语，少说些书面语。要坚持说群众"很想听"的实话，征求意见时要盯住群众关心、关注的话题，问出群众心声，答出社情民意。

四是转优作风，攥牢"乡愁接力棒"。让人民生活幸福是"国之大者"，让回乡者"记得住乡愁"是农村发展的底线。第一书记和工作队队员总有离开之日，要正确处理好与驻地乡村党组织、村支"两委"的关系，做到帮办不代替、到位不越位，帮助培养一支"永不走的工作队"。同时，在事关乡村振兴发展全局、事关村级党组织政治功能发挥、事关群众建房修屋等方面，要大胆建言献策，对有悖农村发展规律、触碰底线的行为，要敢于否定、制止。"乡愁"处理不好，会变成群众的"忧愁"，要防止"不以善小而不为"，把群众的愁事办好，驱散他们心中的愁云。

中国要强农业必须强，中国要美农村必须美，中国要富农民必须富。

全面建设社会主义现代化国家，实现中华民族伟大复兴，最艰巨最繁重的任务依然在农村，最广泛最深厚的基础依然在农村。驻村干部协同所在村党员干部，要把"三农"工作摆在突出位置，不断促进农业高质高效、乡村宜居宜业、农民富裕富足，为推进乡村全面振兴做出新贡献。

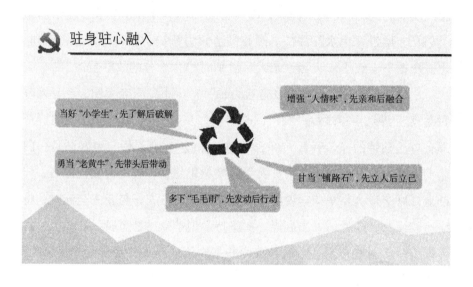

第三节 驻村工作职责转变

中共中央办公厅印发《关于向重点乡村持续选派驻村第一书记和工作队的意见》中明确指出了乡村振兴选派的驻村第一书记和工作队的主要职责任务。

一、驻村重点工作职责

一是建强村党组织。重点围绕增强政治功能、提升组织力，推动村干部、党员深入学习和忠实践行习近平新时代中国特色社会主义思想，学习贯彻党章党规党纪和党的路线方针政策；推动加强村"两委"班子建设、促进担当作为，帮助培育后备力量，发展年轻党员，吸引各类人才；推动加强党支部标准化规范化建设，严格党的组织生活，加强党员教育管理监督，充分发挥党组织和党员作用。

二是推进强村富民。重点围绕加快农业农村现代化、扎实推进共同富裕，推动巩固拓展脱贫攻坚成果，做好常态化监测和精准帮扶；推动加快发展乡村产业，发展壮大新型农村集体经济，促进农民增收致富；推动农村精神文明建设、生态文明建设、深化农村改革、乡村建设行动等重大任务落地见效，促进农业农村高质量发展。

三是提升治理水平。重点围绕推进乡村治理体系和治理能力现代化、提升乡村善治水平，推动健全党组织领导的自治、法治、德治相结合的乡村治理体系，加强村党组织对村各类组织和各项工作的全面领导，形成治理合力；推动规范村务运行，完善村民自治、村级议事决策、民主管理监督、民主协商等制度机制；推动化解各类矛盾问题，实行网格化管理和精细化服务，促进农村社会和谐稳定。

四是为民办事服务。重点围绕保障和改善农村民生、密切党群干群关系，推动落实党的惠民政策，经常联系走访群众，参与便民利民服务，帮助群众解决"急难愁盼"；推动加强对困难人群的关爱服务，经常嘘寒问暖，协调做好帮扶工作；推动各类资源向基层下沉、以党组织为主渠道落实，不断增强人民群众获得感、幸福感、安全感。

二、转变工作的方法

明确了主要工作职责，就要采取对应方法，迅速转变职责，担负起职责。

第一，建强派驻村"两委会"班子，坚定理想信念，遵守基本规章制度，按制度程序办事，杜绝"一言堂""不作为""乱作为"，心里要装着群众；提高为民服务意识能力，带领群众发展经济，增加群众收入；化解矛盾，排除纠纷，用科学实用管用的方式方法推进乡村治理；培养考察爱农村、爱农业、爱农民、懂技术、会管理、善经营的年轻人，吸收进党组织，破解村级党组织后继乏人困局。这是一项长期的基础性职责任务。

第二，以群众喜闻乐见的形式宣传党的方针政策落地见效，惠及群众；广泛动员组织群众参与宣传治理、村级集体经济发展，用政策、技术、市场经济知识培育发展经济，让经济发展成果富裕百姓，走上共同富裕。这项职责任务伴随乡村振兴整个过程。

第三，将"我为群众办实事"持续推向深入，通过艰苦、反复深入群众走访，了解发现他们的"急难愁盼"，及时跟进，采取切实有效的措施，解决群众的生产生活困难，就是常态化动态监测，精准帮扶，不断巩固脱贫攻坚成果；深入实地调研，因地制宜，科学制订村级乡村振兴规划，有效衔接乡村振兴，用市场的办法破解难题，发挥驻地村与派出单位两个优势，合力促进规划落地见效，惠及人民群众。这是脱贫攻

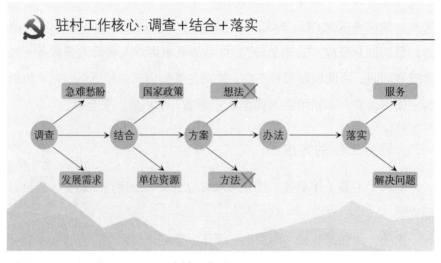

驻村工作核心方法

坚与乡村振兴有效衔接五年过渡期阶段性重点任务。

这里特别强调，驻村工作是最基层群众性工作，身份角色转变，工作职责任务也随之转变，已不再是机关、企事业单位岗位职责任务，工作方式方法也随之改变。驻村工作是群众工作，就要深入群众，与他们拉家常、交朋友，了解他们的喜怒哀乐、"急难愁盼"，用他们喜闻乐见的方式方法说话办事，办实事，让群众接近你、接纳你、喜爱你，乐于与你一道共谋发展；驻村工作是基层工作，事务性工作多，随意性强，需要耐下性子，不急不躁，只有细致入微地工作，长期坚持下去，才能见效，不可能一蹴而就。乡村振兴驻村工作既关乎脱贫攻坚成果巩固拓展的阶段性工作，又关乎乡村振兴持续扎实推进的长期性任务，需分清主次、轻重缓急，保证阶段性任务高质量完成，为完成长期性任务打下坚实基础，一张蓝图干到底，一茬接着一茬干，不朝令夕改，不朝三暮四，村四支队伍要团结一心，绝不能各拿各的号，各吹各的调，也不能无重点，眉毛胡子一把抓。

只有调查才有发言权。乐于调查、善于调查、常于调查，掌握基本村情民意，了解动态情况，精准掌握需求，与国家政策结合，发挥驻村单位与所在村两个优势，不仅有想法、方法，更要形成科学可落地的办法，持之以恒落地见效。

第四节 驻村工作知识准备

把一批"信念坚定、为民服务、勤政务实、敢于担当、清正廉洁"的好干部派驻到问题最集中、基础最薄弱、条件较差的刚刚脱贫的贫困村，担任第一书记和工作队员，让其在农村一线接受锻炼，提升干事经验、实干能力、政治素养，与农村党员干部一道，狠抓脱贫攻坚成果巩固，环境卫生整治、农村经济发展和生态保护、乡村治理，建强一个党支部，做好乡村规划，谋划推进一批产业项目，组织动员干部群众广泛参与乡村振兴，鼓起群众的钱袋子，让群众有更多更直接更实在的获得感、幸福感、安全感。为了达到这个目标，就要求驻村干部快速补齐相关知识。

"打铁还需自身硬。"新派驻村第一书记、工作队员需要从以下几个方面努力学习，补充相关知识。

一是法律法规。主要包括《中国共产党农村工作条例》《中国共产党农村基层组织工作条例》《乡村振兴促进法》《中华人民共和国村民委员会组织法》《中华人民共和国农业法》《中华人民共和国渔业法》《中华人民共和国环境保护法》《中华人民共和国林业法》《中华人民共和国合同法》《中华人民共和国农村土地承包法》《中华人民共和国农民专业合作社法》《中华人民共和国家庭教育促进法》等相关法律法规，以及地方政府出台的相关法规。熟知这些法律法规，目的在于做到心中有法，知法守法，依法依规办事，强化基层工作法治意识，推进基层法治建设。

二是"三农"政策。系统学习习近平总书记关于"三农"工作、乡村振兴和基层党建工作的重要论述，以及中央一号文件精神，脱贫攻坚成果巩固拓展相关政策，中央、省、市乡村振兴相关政策，国家农业产业政策等，如2021年中央农村工作领导小组印发的《关于健全防止返贫动态监测和帮扶机制的指导意见》、2022年印发的《健全防止返贫监测帮扶机制工作指南》，以及中共中央、国务院印发的《乡村建设行动实施方案》等。这些政策与具体工作密切相关，与群众生产生活紧密相关，必须及时学习领会，精准掌握，宣传落实，用好用活政策，做到落地见效，推动工作开展。

三是农业知识。与所在地主导农业种植品种相匹配的生产管理知识，如果树管理知识、中药材种植、采收加工知识、基本养殖管理知识等，土壤学知识、病虫害防控技术、数字化电商运营知识等，这些知识匹配与实际工作需要相对应，只需有所了解，能及时查阅，目的在于便于有效指导生产，促进增产提质增效。这部分知识只需作为背景知识进行了解，并不需要成为专业人士，但绝不做外行，应善于做"科技贩子"，目的在于及时有效服务群众，服务产业；要多接触认识"三农"专业人士，有问题需咨询能找得到、用得上、靠得住。

案例五

小韩峪村第一书记乡村振兴显身手

晨曦微露，人勤春早。不到7点，陕西省委党校驻商州区小韩峪村第一书记冯德全早早就来到了小韩峪村小磨香油厂，查看工厂生产各项准备工作。炒芝麻的馨香与商洛山中花木飘出的清香沁人心脾，冯德全脸上的表情轻松惬意。

大半年来，小山沟里条件虽然艰苦，但冯德全都能扛得住，就像在部队当兵期间一样，没有事情能难住他。因为，50岁的他憋着一股子劲：就想为群众多办些实事，就想为村上发展贡献自己的智慧和力量。因此，他走起路来像十七八岁的小青年一样，健步如飞。

从省城大都市到秦岭里的小山沟，冯德全无怨无悔，他勇挑省委党校驻小韩峪村乡村振兴的重担，在驻村兴农的日子里，把真心交给了群众，把精力投入到产业谋划上，把初心写在了小韩峪温暖的土地上。

"驻村是我向往的"

冯德全想干事的热情，谁也挡不住。他产生主动请缨到贫困山区帮扶的想法已经好几个年头了，因为种种原因，一直拖到2021年6月。这次到单位对口帮扶的商州区牧护关镇小韩峪村驻村，终于圆了他的梦。

"我是从河北农村出来的，是闻着泥土味长大的。从农村来，到农村去，是我一直向往的事情。"冯德全说，"我当兵11年，在陕西省委党校工作22年，现在回不去河北，就想到陕西偏远的地方驻村帮扶，干点事情。"

在脱贫攻坚期间，冯德全的心就"飞"到了小韩峪村。2016年7月，冯德全就萌生了驻村扶贫的念头，他不动声色买了很多书籍，开始通过各种平台学习"三农"方面的知识。

"我知道山区条件艰苦、农民辛苦、群众生活苦，脱贫攻坚虽然取得了全面胜利，巩固成果防返贫工作也是势在必行。如果我们不来帮助，农村生活很难得到进一步的提升，农业强、农村美、农民富的目标如何实现？乡村振兴的目标如何实现？所以，我是自愿到这里来驻村的，能够帮助农业发展、农村振兴、农民致富，我心里舒坦。"冯德全语重心长地说。

2021年5月，冯德全再次找到省委党校领导申请驻村，他还拿出早已谋划好的《小韩峪村五年发展规划》，汇报了驻村后开展工作的思路和想法。

有激情，有想法，有办法，有目标，申请很快就批准了。2021年6月3日，冯德全如愿以偿来到小韩峪村担任驻村第一书记兼工作队长。当天，他就提议召开了村"两委"班子会，共同商讨村上乡村振兴规划，因地制宜谋划富民产业，在办公室公示工作队队员党龄，并在全体村民大会上向群众公布了工作规划和目标任务。

冯德全重任在肩，开足马力加油干。自6月7日以来，在他的积极联系下，有多家企业负责人远赴小韩峪村考察项目。2021年12月2日，小韩峪村小磨香油厂竣工投产；2021年12月2日，振兴小韩峪建筑有限公司成立；2022年1月5日，小韩峪发泡水泥构件厂正在规划选址当中；2022年2月20日，小韩峪粉条厂和山泉水厂招商引资成功，正在办理用地手续；2022年2月28日，小韩峪电器破解处置厂40亩用地手续正在办理；2022年3月5日，小韩峪粉条厂300亩洋芋种植基地在牧护关竹园村建成……

与冯德全朝夕相处的小韩峪村党支部书记王鹃红，对冯德全既敬佩又心疼："冯书记工作很扎实，任何时候都为村上发展着想。"王鹃红说，"他春节不回家，借外出人员返乡的机会，动员党员群众参与乡村振兴，自费开展文化活动，凝聚党员群众的向心力，而自己却在黑龙口街道地摊吃凉皮，我们村干部都做不到。"

"我们是自家人"

来到小韩峪村，冯德全只有一个愿望：把群众当亲人，始终与群众想在一起、吃在一起、干在一起，为村上的发展多办实事硬事好事，助推小韩峪乡村振兴。

"大家都把冯书记当成'自家人'，见面无话不说。"村民们知道工作队买菜不方便，于是每天工作队驻地都会出现很多各种蔬菜，也不知道是谁送的。一直以来，冯德全都工作到很晚，经常有村民为他送来"夜宵"，有菜卷、饺子、包子、葱油饼……

小韩峪村三组65岁的村民周跃进，提起冯德全书记感慨万千："冯书记真心为民、一心干事、与党员群众融为一体，跟他相处我就感觉回到了当年农田基建时，县上工作组和我们同吃同住同劳动的年代。"

曾经以农耕为业的小韩峪村贫穷落后，10多年来，青壮劳力外出务工，村里的留守人员大多老弱病残。家穷心思多，人闲生余事，打架斗殴、地界之争、邻里矛盾突出，民富村美的画面，只是外出创业年轻人脑海中的幻想。

"冯书记来了不一样啦，通过发展致富产业，开展文化活动，真心帮助群众解决困难，扯是非的人少了，民风正气也上来了，村民有了交流的平台，有了致富的门路，全村有了乡村振兴的凝聚力，这在全村历史上都没有见过。"周跃进说。

心中有党，心中有民，心中有责，心中有情。驻村以来，冯德全把自己看作小韩峪的村民，与老人促膝交谈，和小孩运动锻炼，与大家一起建设家园。

今年72岁的薛土改，家里4口人，儿子在外打工，儿媳在香油厂上班，老人种了2亩菊芋，眼看到了收购旺季，就是挖不出来。2021年11月，冯德全得知老人有困难时，就带着工作队员去帮忙。蹲在地里，冯德全捧起一掬土放在鼻子前闻，同事惊讶不解。冯德全告诉同事："土是香的，泥土的清香。小时候这种感觉到现在都忘不了。"

"我们是组织派来的，我们的形象就代表着党在群众心目中的形象。群众是我们的衣食父母，没有群众，就没有我们。"冯德全说，"群众是真诚纯朴的，你对他们付出一份力，他们一辈子记着你的好处。我很想成为小韩峪村的荣誉村民，这里就是我的家乡。"

一组薛小锋在外打工，是在抖音上认识冯德全的。他回家前，只知道村里来了个好干部，真正了解冯德全，还是他在村上看到几件事，心里才开始敬重这位好书记。

言谈之中，薛小锋讲起了冯德全的驻村故事："冯书记到村上来了以后，自费9400元买笔墨纸砚为村民义务写对联，还花了1万余元买挂历送给群众。2022年元宵节，冯书记和招商的企业买了200公斤元宵，组织全村男女老少参加了小韩峪村篝火晚会，集体吃元宵、度佳节，宣传乡村振兴政策和村上规划。他经常给群众劈柴、挑水、剥苞谷、挖洋芋，遇到老人不方便就扶一把，碰见孩子上学就开车送一程……他与村民打成一片，与老人孩子成为朋友，我们打心底里高兴欢迎，村里没有一个人不认识他的。"

小韩峪村，成为冯德全践行初心使命的一线阵地，也成为他施展才华的人生舞台，更成为党群鱼水情深的生动见证。

"要让村里大变样"

小韩峪村除了优美的生态环境外，再没有能让人留下记忆的东西。可如今，村民们可以直起腰板说："我们是小韩峪村的，我们村是最美的！"

这句话不是空穴来风，理由很简单：冯德全最少要驻村5年时间。

"村里不大变样，我坚决不离开！"这是冯德全向全体村民的郑重承诺。

驻村以后，冯德全离不开村民，村民也舍不得冯德全。快10个月了，冯德全只回了4次家，尽管回家只有一个多小时车程。

为了小韩峪村尽快大变样，冯德全每天早起晚睡，白天不是跑项目，就是深入群众家中走访了解村情、民情，饿了就在村民家吃糊汤饭，困了就在工作队驻地打个盹。睡得再晚，他也要坚持在直播室拍抖音宣传大美商洛，推销农产品。

"你不知道秦岭山沟里的冬天有多冷，我在直播室拍摄，冷得呵气成霜，膝盖以下都麻木了。"说起驻村经历，冯德全说，"晚上把电热水袋开到最高档，暖一个多小时腿都捂不热，但想到能为群众带货挣钱，我心是热的，劲是足的。"

如今冯书记的粉丝量已达3.2万余人，直播带货已经销售小磨香油3万多斤，销售额达120多万元。

虽然家里人都很支持他的工作，可面对爱人的心疼、儿子的担忧、岳母的牵挂，却让冯德全心生愧疚。

"岳母70多岁了，在西安住院期间，我回去了一次，因为疫情原因进不了病房，我和老人视频说了几句话，她催促我走。"回忆起医院的一幕，傲然挺立的冯德全眼眶湿润了，"岳母说，群众更需要你，他们都盼着你回去呢，村子里一大摊子事，赶紧回去吧。"

左边兜里装的是村民，右边兜里装的是良心。冯德全说："妻子与岳母过生日相差两天，我都不能回去参加。妻子在西安曲江上班，儿子在国外读书，我现在回西安一次，反而成出差了。"对于目前的工作情况，冯德全在欣慰之余，愧疚之情溢于言表。

把小韩峪村当作第二故乡，视村民为自己的父母兄弟，为了让大家富起来、村子美起来，冯德全横下一条心：找项目、拉投资。

2021年至今，冯德全一直在马不停蹄地招商引资。据介绍，正在对接的项目有红薯粉条厂、山泉水厂、发泡水泥构件厂、电器破解处置厂，计划投资1.8亿元。即将上马的4个项目目前正在完善前期手续。

中共商州区委常委、组织部部长王沛告诉笔者："冯书记对党有忠心，为民有情怀，干事有想法，工作有成效，他爱农村、懂农民，想干事、能干事，也干成事。"

把好事办实，把实事办好。据介绍，冯德全驻村后，小韩峪村集体经济每年能从企业盈利中获得10%的收益分红，预计带动全村200名村民就近就地就业。

冯德全把汗水撒播进贫瘠的土地，把爱无私地奉献给上千名村民，把共产党员的初心写在秦岭深处的小山沟。群众期盼着，产业兴旺、生态宜居、乡风文明、治理有效、生活富裕的乡村振兴画卷，一定是小韩峪明天最美的写照。

第四章

乡村振兴一线工作内容

第一节 建强村支部班子

一、建强基层党组织的极端重要性

习近平总书记在主持中共中央政治局就"深入学习领会和贯彻落实新时代党的组织路线"举行第二十一次集体学习时强调:"基层党组织是贯彻落实党中央决策部署的'最后一公里',不能出现'断头路',要坚持大抓基层的鲜明导向,持续整顿软弱涣散基层党组织,有效实现党的组织和党的工作全覆盖,抓紧补齐基层党组织领导基层治理的各种短板,把各领域基层党组织建设成为实现党的领导的坚强战斗堡垒。"

"最后一公里""断头路""大抓基层""全覆盖""坚强战斗堡垒"……从这样的用词中,我们可以深刻感受到习近平总书记对基层党组织建设的高度重视。

党的基层组织是党在社会基层组织中的战斗堡垒，是党的全部工作和战斗力的基础。截至2019年12月，全国共有468.1万个基层党组织，广泛分布在各地区各领域，量大面广、层级不同、类型多样，构成了我们党执政大厦的稳固地基。党的基层组织是党的肌体的"神经末梢"，要发挥好战斗堡垒作用，落地才能生根，根深才能叶茂。"欲筑室者，先治其基。"基层党组织是党执政大厦的地基，地基固则大厦坚，地基松则大厦倾。基层党组织是联系服务群众的行动者，是宣传教育群众的实施者，是组织凝聚群众的实践者。

驻村第一书记肩负建强所驻村党支部的主要职责，要深刻领悟建强党支部的极端重要性。这是因为：

第一，基层党组织是党的基本组成细胞。基层党支部是群众的主心骨、领路人。群众对党的认识第一印象看党支部、看党员，建强支部，党员教育要常抓不松懈，必须教育党员坚定理想信念，遵纪守法，密切联系群众，以实际行动带领群众勤劳致富，事事处处做模范表率。一个党员就是一面旗帜，只有牢记"为人民服务"的初心，面对诸多利益诱惑坚守初心，严格自觉遵守党章党规，依法依规工作，以实际行动践行担当，心中始终装着群众，为百姓办实事好事，让百姓放心，在群众心中牢固树立党的形象，才能建起党群鱼水情，把党组织根植于人民群众之中，筑牢基层党组织根基。

第二，基层党组织的组成细胞是党员和人才。党支部强不强关键在为党育人揽才，培育一支有坚定理想信念、热心联系服务群众、懂技术、会管理、善经营，年富力强的优秀青年人才队伍。要将其培养吸纳进党组织，为基层党组织注入新鲜血液，带来创新活力，为乡村振兴这一伟大工程提供组织和人才保障。

第三，基层党组织是扎实推进党建的重要力量。基层党支部以日常工作、中心工作、关键工作环节为抓手，压实主体责任，从实际出发，强化责任落实，用实际工作成效、实实在在的服务取信于民，凝聚力量，建强组织。

二、建强基层党组织的路径方法

建强基层党组织对于推进乡村振兴具有极端重要性，正所谓"基础不牢，地动山摇"。基层党组织建设不能停于口头、浮于表面、流于形式，必须有明确方向、具体目标和方法，一件一件事做，一年一年坚持，在工作中精进。结合农村党建工作实际，提出以下路径与方法：

第一，在实干中学习，锤炼党性。锤炼基层党员党性，结合基层实际情况，单一靠说教式学习，无法收到良好效果。基层事务性工作繁杂，很难集中时间精力学习领悟，一次准备充分的高质量学习，也可能被突如其来的事务、家务所干扰。何况，一般情况下，这样专一高质量的学习次数非常有限，有些只是有学习计划、文字学习内容、参加名册和照片、记录等佐证，扎实过程缺失，入脑入心效果不佳。因此，基层党员培训学习，须结合农村实际、基层工作实际，采取与具体实际工作相结合的方式方法，学于其中，悟于其中。比如，有计划组织地安排支部成员深入村组农户调查，主动了解掌握群众的"急难愁盼"，及时跟进帮扶，在如此反复的过程中，使基层村"两委"成员、驻村干部密切联系群众，体悟锤炼为民服务的宗旨意识，懂得调查研究的重要性，掌握调查研究方法，养成密切联系群众、组织动员群众、紧紧依靠群众的群众观点和方法。深入到户产业、产业大户、集体经济产业之中，了解产业现状、动态趋势、短板弱项，宣传产业政策、市场动态，共同研究补齐短板强弱项的具体措施，协调解决具体困难，促进产业持续健康发展，达到兴产业、富百姓。这个过程，促使农村党员干部自觉学习法律法规、产业政策、市场经济知识，关注市场动态，思考破解产业难题的方法，提高抓富民产业的能力水平。在实干中学习的方法，克服了单一学习的空洞无物,"要我学习"转变提高为"我要学习",符合农村提高党员素质、锤炼党性、密切联系群众、增强为民办事、促进能力提升的客观实际,可以达到事半功倍的效果。

第二,在实干中选育,广揽人才。建强基层党组织,就要不断发现人才,选育人才,为建强组织储备人才,吸收新鲜血液,使基层党组织赓续壮大。农村的优秀人才就在农村。农村党支部要在农村发现、考察、选育那些热爱农村、扎根农村、懂技术、善经营、会管理、有市场经济头脑,热心致力于带领群众致富的年轻优秀分子,在实干中观察、交流,了解品德修为、思想动态和能力水平,对经较长时间观察考察后,备选的优秀人才,给予更多的帮助、更多的锻炼机会,在实干中再锻炼、再考察、再选育。不光听,更要看,在实干中发现考察更可靠。这样,就能有效克服无人可选可用,特别是克服选育的人不爱农村、不在农村的尴尬境遇,避免贻误党的事业。要克服"武大郎开店"的狭隘心理意识,以更宽广的视野、更宽厚的胸襟从返乡青年、专业户、创业大学生、退伍军人中广纳人才。

第三,在实干中督导,提升能力。基层党员干部能力提升是一个长期坚持的事情,从现实情况而言,从推进建设现代化乡村治理要求来说,都需要加强规矩意识、强化能力建设。农村基层两委会已有明确的法律法规、规范性操作程序和要求。基层两委不是不知道、不清楚,就是怕麻烦,几个人"闭门"一说就定了,规范程序搁置一边,群众参与权、知情权往往被搁置一边,长期如此,会造成干群关系紧张,矛盾频发往往原因就在这里。党内"三会一课"是基本规范之一,实际照此操作执行者较少。"四议两公开"也是村务重大事项规范程序,但实际也是"走简单程序",公开地点简单一处,公示时间不达时间要求等,由此诱发部分群众猜疑误解,产生矛盾,破坏干群关系,甚至上访闹事,滋生不安定隐患。因此,第一书记、驻村干部要坚持以已有的规范程序如"三会一课""四议两公开"等具体程序落实为抓手，督导所在村党支部村委会严格依据规定程序执行，在实际工作中实训示范，做出样子。通过多次反复训练操作，提高基层干部规矩规范意识，依法依规管理，养成遵守规范程序的良好工作习惯，共同推进乡村治理法治化建设。

第四，在实干中担当，展现形象。基层党员形象直接展示着党在人民群众中的形象，群众富不富，村子强不强、美不美取决于党支部强不强，战斗堡垒作用发挥得如何。党员干部担当作为须在具体实务、日常工作中才能展现出来。因此，驻村第一书记、驻村干部需要帮助所在村党员干部分解落实工作任务，分担帮扶项目，督导推进项目实施，明确任务，责任到人，有计划安排，有保障措施，有监督检查，有结果评估验收，使党员干部在具体工作中担起责任，展示担当作为。脱贫攻坚期间，我们就将帮扶项目分解落实到人，督导过程，检视结果，群众评议，取得了良好效果。既如期完成脱贫攻坚任务，服务惠及群众，又锻炼了党员干部，展现了党员干部的良好形象。

总之，新任第一书记要团结带领两委会一班人，在实践中提升党员干部坚若磐石的政治信仰，要有大局观念和全局意识，主动克服本位主义和小家利益，不搞信息、政策、利益"克扣截留"，不搞"上有政策、下有对策"，让党的政策、上级党委政府的决策部署原原本本地落到实处，保证基层一线政令畅通。加强业务知识的学习，带头学习法律法规，做到知法、懂法、用法、守法，引导村民依法办事，同时自觉把各项工作放在法律法规的许可范围之内，用法律来保护群众和村集体的合法利益；学习公共管理知识，提高利用信息化、网格化等手段加强村级社会治理的能力水平；注重政策、金融、科技等综合知识的学习，提高把握方向、科技兴农、引领发展的专业素质。带头绷紧生活纪律这根弦，加强思想道德修养，培养健康生活情趣，正确选择个人爱好，慎重对待朋友交往，切实做到八小时以内守纪律、八小时以外树形象。大胆转变"怕担风险、怕负责任、怕出乱子、怕遭非议"的观念，克服"求稳怕乱、患得患失、畏首畏尾"的消极心态，勇于开拓前人未曾涉及的"盲区"、探索令人望而却步的"难区"、冲破常人不敢突破的"禁区"，谋远想实，谋定而后动，稳中求进，在开拓创新、攻坚克难中带领村（社区）闯出一条乡村振兴的康庄大道。

习近平总书记在中国共产党成立100周年庆祝大会上，号召全党同志："牢记初心使命，坚定理想信念，践行党的宗旨，永远保持同人民群众的血肉联系，始终同人民想在一起、干在一起，风雨同舟、同甘共苦，继续为实现人民对美好生活的向往不懈努力，努力为党和人民争取更大光荣！"

这是新号令新要求，基层党支部基层党员干部唯有深入群众，心中装着群众，始终与群众想在一起、干在一起，用情用心用力，苦干实干，才能造福人民群众；唯有在实干中锤炼党性、提高服务能力水平，建强基层党支部，使党组织更具感召力、凝聚力、战斗力，才能推进乡村振兴。

案例六

石桥村年轻女大学生支部书记

2021年1月25日，一位年轻女大学生俞玉，当选为商州区石桥村党支部书记，开始了她的村支书工作。

她曾在大荆镇脱贫攻坚办公室工作，那时候，总觉得村上工作效率低下，简单的一张表有时候一天都报不上来。直到她到村任职之后才发现，村上要面对的是镇办各个部门下发的多项纷繁复杂的工作任务，报表一张接着一张，任务一项连着一项。

由于3月底村委会要换届到位，各种筹备工作便在年前接踵而至。

由于她不是石桥村村民，又未在村工作一年以上，因此要为石桥村配备一名村主任。战斗堡垒要强，班子人员配备极其重要，乡村要振兴，人才必振兴。由于石桥村较小，年轻人均在外务工，思虑再三，决定将原来的村副主任报为村主任人选，取消村副主任名额，这样一来，既解决了没有候选人可报的问题，又增强了班子的凝聚力。因准备充分，思虑周全，换届选举圆满成功。

守土有责，守土尽责，到村工作后，防疫工作一刻也不敢松懈。到了春耕春播时节，草木还未完全生长起来，森林防火形势又严峻起来，为了保证辖区内不见一处明火，严格落实巡山值班制，白天安排两名护林员在进山口值班，详细登记进出人员信息，其他护林员入林巡山，班子成员不定期对辖区开展巡视检查，多管齐下，严格管控，见烟就查，见火就罚，将所有火患扼杀在萌芽中。

村上的工作真的是千丝万缕，有时候刚想偷偷懒、歇歇脚，工作任务便纷至沓来。防疫、防火、防汛、安全生产、脱贫攻坚……一战接着一战，于是她便成了身穿铠甲的女战士，和所有干部一起上阵，一刻也不敢放松，生怕自己打个盹，便出了差错。

以前的时候她觉得自己就是一条"咸鱼"，只需认真完成领导交办的任务，而现在，她成了一名"领头雁"，凡事均要眼到、心到、手到，要做政治上的明白人，服务群众的贴心人，干事创业的带头人，严以律己的规矩人。

2021年，是脱贫攻坚与乡村振兴有效衔接的重要节点，因此，便要着手将2016年至2020年所有贫困户档案、村档案按照相关标准整理归档，上交至档案馆。起初，在接到收集整理5年档案的任务时，她瞬间感觉"血压上升"，嗯，是一项不小的工作量。听说其他村在商量将整理事宜外包出去，村干部们心动了，一听外包价格，她清醒了。"自己动手，丰衣足食"，于是，6个人齐动手，整理、编码、归档、盖章、装订……众人同心，其利断金。何况村两委会是一个战斗集体。"看着档案由一盒两盒，变成了最后的98盒，感觉自己动手，真香！"她自豪地说道，满脸洋溢着幸福。

当初得知要去石桥村工作时，她内心有些排斥与恐惧，对自己的工作能力心存怀疑，不自信，对前路的未知满怀担忧。如今在村工作近10个月了，在她的带领下，村两委干部团结，与村民关系融合融洽，一切顺利。石桥村在2021年前半年工作考核中，取得了党建和人居环境整治同时第一的好成绩，被评为"商州区人居环境整治先进村"和乡村振兴示范村。

"在石桥村工作的这段时间，让我明白，无论什么事，只要肯迈出第一步，那么就离成功又近了一步。人的潜力都是无穷的，不逼自己一把，你永远不知道自己有多优秀。也让我懂得，工作是一群人的事业，要善于调动所有干部群众的积极性，协同作战方能取得实实在在的好成绩。更让我意识到，'实干兴邦，空谈误国'，支部书记必须走在前列，干在实处，才能带动干部群众凝心聚力促和谐，齐心协力谋发展。"这就是这位年轻女村支部书记基层工作的感悟。

"没有比脚更长的路，没有比人更高的山""长路漫漫，唯有奋斗""吾辈必当勤勉，持书仗剑耀中华"……这是她在工作岗位上送给自己的话。坚信，所有吃过的苦都会照亮以后的路。乡村振兴新征程上，需要更多像俞玉支书一样的开拓者、奋进者。

第二节　宣传落实政策

宣传落实党的"三农"方针政策是农村基层党组织的首要职责。政策与人民群众的切身利益息息相关，特别是在脱贫攻坚成果巩固拓展期间，对于刚刚解决"两不愁三保障"的部分困难农户，以及缺少劳动力无稳定收入来源的农户、农村五保户等特殊群体，政策支持、政策干预非常重要。

一、宣传落实政策是职责要求

基层党组织、党员干部直接服务群众，是"最后一公里"，党在农村的大政方针政策需要基层党组织、党员干部深刻领会之后，宣讲宣传落实到群众中去，惠及百姓。但在实际工作中，一定要克服以下三种情形：

一是对政策精神具体要求领会不深，一知半解，便急于宣传落实，往往失之偏颇。失之毫厘，谬以千里。不够精细，不够精确，具体落实起来困难重重，容易滋生矛盾。在脱贫攻坚成果巩固期间，兜底保障性政策对返贫风险户（人口）发挥着重要作用，但保障性政策有明确清晰的条件要求，在宣传执行中，需要精准把握，不能笼统大而化之。只要对存在返贫致贫风险的家庭情况进行入户核实，精准掌握，并严格按照规定程序落实，就一定能很好地落实政策，发挥政策保障功效，也不会产生矛盾。

二是对政策宣传想当然地划定范围，只对一部分人宣传落实，有意无意遗忘一部分，带有一定主观选择性，使部分群众"不知道""没给讲"，遭到忽略，从而没有享受到政策，产生抱怨、误解，甚至影响党在人民群众中的形象。

三是对政策调整反应迟缓，理解领会不精准。所有政策都会根据实际情况变化适时做出某些调整，这是非常必要且正常的。对于调整后的政策需要精准掌握其调整时间、内容和其他要求，如实宣讲宣传，特别是对涉及政策调整影响的农户，一定要做好耐心细致的解释工作，取得理解，精准落实政策，消除误解，化解矛盾。

二、宣传落实政策是巩固拓展脱贫攻坚成果的现实需要

在脱贫攻坚成果巩固拓展期间，原有的相关脱贫政策、帮扶政策将在一定时间内保持基本稳定，但也一定会根据实际情况变化适时做出调整。部分政策或将在一段时间内保留，或有部分政策做出必要调整，或是政策享受对象做出调整，如低保政策，有些户原来符合低保政策，但现在情况变了，收入高了，已不符合低保政策要求，必须进行调整，这涉及农户的切身利益，关乎被调出农户的利益，也关乎公平正义，一线同志千万要有耐心，实事求是，精准落实。根据《关于健全防止返贫动态监测和帮扶机制的指导意见》要求，简化动态监测程序，缩短时间，及早干预，及早帮扶，对单一问题要尽快解决；对风险复杂，需要采取管用够用的综合措施；对有劳动力家庭，重点在产业、就业上给予帮扶；对无劳动力家庭，则纳入现行社保等。随着乡村振兴工作推进实施，将会有相应政策出台，必须原原本本学习这些新政策、新要求，学懂弄通，再结合本地实际进行宣传，遵照落实好政策，用足用好政策，推进本地乡村振兴工作走实向好，取得实效。

三、落实政策是推进乡村有效治理的必然要求

农村涉及土地耕地保护、森林防火、饮水安全、公共设施管护、公共安全、公共服务、公共卫生安全、安全生产等诸多方面，都有相应的法律法规和政策要求，是乡村治理的重要内容，关系到每一位人民群众的利益和全村整体发展利益。这部分政策的宣传落实具有长期性、普遍性、重复性，需要建立对应组织，专人负责，广而告之，做到家喻户晓，人人皆知，精准落实。如冬春两季森林防火关键时期，需要上门一对一宣传，落实防火责任，动用宣传车辆巡回广播。清明时节，需要日夜守护，严格排查。准备防火物资和抢险队伍，应急出动，保护森林资

源，以实际行动践行"绿水青山就是金山银山"理念。再如，突如其来的新冠肺炎疫情防控，关系到每一个人的生命健康，党和政府的政策要求、防控措施非常明确，关键在于宣传落实。广泛而有效的宣传对落实防控措施尤为重要，需要宣传落实到户到人，建起细致有效的网格化防控体系，阻断每一个可能的传播源、传播链，保障人民群众生命安全。涉及整体性政策落实，重点在于尊重群众的主体地位，更广泛深入地动员组织群众。现在农村常住村民中的老头老太太，他们思想觉悟高，自愿参与性强，应该成为乡村有效治理的中坚力量，这是宝贵的历史经验。只有干群共同参与，群防群治，才能筑牢共同参与治理的铜墙铁壁。

第三节　帮扶谋划产业发展

习近平总书记指出，产业是发展的根基，产业兴旺，乡亲们的收入才能稳定增长。各地各村在脱贫攻坚中，或由政府主导培育，或由农户自主发展了品种各异、规模大小不一的脱贫产业，这些产业为消除贫困、增加农户家庭收入，发挥了重要作用，也为可持续发展奠定了坚实基础。目前，这部分产业的存续发展已经成为脱贫攻坚成果巩固拓展的重要方面，必须持之以恒继续给予指导帮扶。

坚持问题导向，排查找准这些产业发展中存在的短板弱项，就是指导帮扶的方向和重点。

管理技术欠缺，缺乏生产环节针对性技术指导。陕西省是全国苹果生产大省，苹果产业的好坏、收益高低直接关系到数百万农户家庭的收入。生产中果农往往关切配方科学施肥技术、病虫害科学防控技术、四季修剪技术、矮砧密植管理技术等。果农在过往生产管理中积累了许多经验，但面对现实生产中出现的新问题，又是束手无策，寻医问诊无门。商洛市享有"中国核桃之都"的美誉，但多年来受到春季霜冻危害、"黑蛋"果困扰，致使产量低、品质差，不能连续丰产，核桃产业并没有给农户带来更多的效益。于是有人认为，现实状况如此，建议毁掉核桃，另选产业发展。核桃产业是传统产业，经历了数百上千年自然选择，积累了一定的生产管理经验，不是产业出现了问题，而是现在懂技术、会管理的农民或已过世，或已年迈，新生代果农尚不精心于学习技术，认真管理，把这一"主业"做成了"副业"，甚至放任不管，由其自生自灭，因此核桃产业的核心问题仍然是品种优化改良和技术提升。围绕现有产业，采取"请进来、走出去"的方法，强化技术培训指导，推动新技术推广应用，不断提高产业从业者技术水平，用技术促进产业提质增效，可持续发展。农村缺少青壮劳动力是普遍现象，导致产业规模不大，撂荒地较多，机械化程度不高，生产效率低，产业效益较低，产业可持续性差。这样就要立足实际，谋划示范产业，政策倾斜支持，吸纳招引部分有志青年回乡下乡从事产业发展，树典型，做榜样，示范带动更多青壮年回乡下乡耕耘，推动区域特色产业蓬勃发展。

发展产业是乡村振兴的重点。"大国小农"。目前，农业产业将在较长时间仍以小农户生产经营为主，因此，谋划产业需因地制宜，切忌急功近利、好大喜功，不切实际地搞"高大上"。我曾接触过一位新任村支书，一上任就喊着叫着搞一个千头规模的养猪场，说是这样领导来有看头，高兴。好大喜功，脱离实际，最后也只能是说说而已。谋划产业必须立足实际，尊重农民主体意愿，动员组织群众广泛参与进来，为民谋利，群众参与，群众受益。同时，要进行科学论证，统筹自然条件、产业基础、技术、人力、资本、市场、管理等多方因素，绝不能拍脑袋决策，盲目上马，轰轰烈烈开始，偃旗息鼓结束，劳民伤财，有负组织所托，有负群众所望。村集体经济也要积极探索。多数村集体经济采取入股分红或承包经营收取承包费的简单形式,没有更多地组织群众参与,与群众利益关联度不高,不可持续,群众或漠不关心,或冷眼旁观唱反调。究其原因,就是缺乏群众参与的民主决策和科学论证,应积极组织动员群众参与,探索共富外益联结机制。

地方政府主导的"大产业"多数是劳动密集型产业,对带动部分群众就近参与劳动大有裨益,但有一些因经济效益不好或亏损而难以持续。如有些地方搞食用菌生产,属劳动密集型产业,产品季产季销,每一茬采收需要大量劳动力,所支付的劳务费高于产品销售收益,或者两者相抵持平。劳动力仅仅是临时性劳务,目的是获取短期季节性劳务费,产品销售与他们毫无关系,因而常常出现劳动效率低、不大负责的情况,劳务过程产品残次率较高,导致整体效益下降,产业难以可持续发展。同时,这些产业产品属鲜食类,缺乏后续深加工,没有延长产业链、增加附加值,产业持续发展受到极大限制。再如果业县在脱贫攻坚期间主导的村集体果园,硬件配套到位,但品种老化,技术落后,缺少产业技术人员,存在持续生产经营困难,需要盘活资源,继续扶持其走向现代农业之路,更早更快壮大村集体经济,惠及百姓增收,促进共同富裕。

当前,处在巩固拓展脱贫攻坚成果,有效衔接乡村振兴阶段,要以原有脱贫产业为重点,继续给予帮扶,继续加大技术培训指导,解决生产环节普遍性、基础性、突发性难题,提高从业人员技术水平和实际管理能力。要继续查找产业短板,着重补足影响产业效益和生存发展的重大困难,千方百计调动产业人员积极性,促使产业健康发展,取得良好经济社会效益。要继续探索村集体经济发展模式,重点构建"党建+党员+经济组织+产业+群众"新模式,构建群众参与、群众受益更为紧密的新机制。要继续广泛深入调研,因地制宜谋划产业,延长产业链。

总之,产业谋划需要立足实际,以服务小农户产业为主,从融资、技术、销售等重点环节上补短强弱，着力促进农户产业持续发展，使其成为致富产业。要巩固产业基础，有序培养自己的产业队伍，感召引领外出务工人员返乡创业，带动劳动力、资金、技术、管理等要素乡村融动，共谋乡村振兴产业发展。从而逐步破解产业"谁来干""干什么""怎么干"，化解"没钱干""怕风险"等诸多难题。要积极争取资源、项目，科学组织实施，构建群众参与、群众受益的管理机制，带动小农户一起向现代农业产业迈进。

第四节　整治环境卫生，推进生态文明

习近平总书记高度重视生态文明建设，指出"人与自然是生命共同体"，并强调"坚持人与自然和谐共生"。因此，我们要像"保护眼睛""对待生命"一样对待自然，实现全社会范围内生产和生活方式的绿色环保，促进形成人、自然、社会有机统一的绿色发展格局，为我们及子孙后代创造良好健康的生存环境。

一、重点解决影响群众健康的环境问题

系统推进与重点突破相统一是生态文明建设的重要方法。除了系统性地开展生态文明建设外，集中力量、重点突破、优先解决对人民群众生活造成影响的生态问题，是习近平生态文明思想所蕴含的又一重要方法。习近平总书记指出，"环境保护和治理要以解决损害群众健康的突出环境问题为重点"。脏乱差几乎成为农村的"代名词"。农村长期在外务工的人员，之所以"逃离"生养之地，除了谋生之外，农村环境差是理由之一。长期在外颠沛流离，仍然不愿回乡，就是因为现在农村就业

机会、赚钱难易、公共服务设施及环境卫生的状况，都与他们现在的居住务工地的状况有极大差别。有一定条件的，或将老人接到身边，共享天伦之乐；老人在家的，逢年过节回去看看，往往是匆匆而去，又匆匆而回，陪伴老人一晚或一段时间者寥寥。环境卫生差、生活不方便或是直接原因。

乡村振兴五大目标中的"生态宜居"，要求通过持续努力，到2035年，农村生态环境根本好转，美丽宜居乡村基本实现。就现阶段而言，重点在"定目标、众参与、广宣传、持续做、成习惯"。定目标就是根据宜居乡村总要求，结合本村实际制定具体行动目标，具有实际可操作性，时时推进，久久为功。环境卫生整治需要群众参与共同推进，绝不是村上几个干部或清洁公益岗位上几个人的事，没有群众参与，就不可能取得实实在在的长久效果，始终是"两张皮"，只能是"运动式"。提高群众参与积极性在于广泛、细致、持久地宣传和组织动员，需要网格化责任落实和定期检查评比奖惩等管理措施。在实施中带着干、比着干，经常抓、抓经常，用目标下的规范要求组织群众持续推进，最终逐步养成"人人关心、人人参与、人人动手、人人爱护、人人维护"环境卫生的良好习惯。习惯一旦养成，也就成为一种行为自觉。冰冻三尺，非一日之寒。城乡人居环境差异也是长期形成的，必须常抓不懈，持之以恒方显成效，绝不可能通过几次运动式整治就能取得满意成效。

二、组织动员群众参与，持续推动，养成习惯

环境卫生整治不仅关系村容村貌，而且关乎群众生命健康，是全体村民的共同责任。其首要是村组干部、驻村第一书记、工作队的职责。目标已经明确，重要性人人皆知，现在重在持续整治，建立健全长效体制机制，使环境整治深入人心。脱贫攻坚期间，提出了明确要求，设立清洁公益岗位、分组设定垃圾箱，专人清运。各级政府曾经持续推动环

境卫生综合整治，并持久推进落实集中进行"三堆六乱"综合整治，取得了较明显的阶段性成效。但是，环境卫生现状与乡村振兴生态宜居要求尚有较大差距，需要持续巩固推进，需要"质的提升"。结合过往经验和生态宜居新的目标要求，提出以下具体措施：

第一，村四支队伍确定专人负责，明确职责。一件事有人抓与无人抓，持续抓与阶段性抓，其结果大相径庭。日常负责阶段性整治行动目标，管理清洁公益岗位人员，检查公益岗区域卫生状况，进行考核评比奖惩；对"三堆六乱"、陈年垃圾组织一次性清理清运；检查垃圾收集清运情况；组织组户环境卫生宣传教育和检查评比等。帮扶单位可筹措部分资金设立环境卫生优秀奖，用于奖惩，推动环境卫生整治持续向实向好。

第二，设定农户卫生明确且可操作的标准，进行不定期检查评比，对检查结果张榜公开，接受群众监督。群众在相互议论中，自觉找差距，共同提高。要求室内干净整洁，室外院落杂物堆放整齐，没有三堆六乱现象。结合农村实际，既要院落整洁，又要符合实际，方便群众生产生活，不能"一刀切"，使标准要求脱离实际，引起群众不满。

第三，对养殖户提出"畜禽粪便不撒路""集中就地灭菌无害化处理"硬性要求，以减少环境污染和疾病传播，切实扎实推进畜禽粪便、杂草落叶、生活垃圾等面源有机物集中沤制，变废为宝，自制生物有机肥，还田培肥地力，增加土壤有机质，改良土壤，真正实践区域内循环。中国农村几千年来，就是这样一个村落内自然循环。

第四，引种蔬菜，绿化院落，达到绿化、鲜食，实现绿色庭院种植占位推进，脏乱自然消退。积极引导群众在自家院落种植各类季节性蔬菜，绿化美化庭院。这方面需要村委会帮助群众做好每户院落绿植小区划，并监督实施。同时，驻村帮扶单位筹措一小部分资金，尽可能提供必要的蔬菜苗子，帮助推进这项工作。特别是对长期不在家的农户院落，鼓励由本家族居家人员或村委会干部协调一并种植，引导发展庭院经济。这样，院落种菜，绿化美化了，也满足群众生活所需。此项各户种植成效也可纳入村环境卫生整治考评范围进行评比。

第五，党员干部、清洁公益岗人员率先干，做出表率，带着群众一起干，养成良好习惯。党员干部首先将自家室内外环境卫生打扫干净，保持日常整洁，成为全村人人可参观学习的样板。其次，要求各组组长、全体清洁公益岗位人员向党员干部学习，将各自家庭室内外打扫干净，成为本组可看可学的样板。再次，组成宣传、检查队伍推进各组各户环境卫生整治。否则，干部说话没有底气，工作推动不起来，只能是走过场，干干停停，不深入、不持久，效果差。对于在村孤寡老人、独居老人，由村上组织义务打扫维护。

三、综合施策，构建循环利用长效机制

环境卫生整理重在动员组织，持续推进实施。加速农村种植业、养殖业、加工业、服务业、居民生活五个主要领域的资源循环利用。种植业方面，大力推广以秸秆、枯枝落叶为纽带的循环模式，推进农作物秸秆等肥料化、饲料化和燃料化利用，加快解决秸秆任意丢弃、焚烧带来的环境污染和资源浪费问题。对农用残膜和农资包装废弃物加强回收处置，着力减少"白色污染"。对群众生产生活中的各类塑料制品，比如塑料玩具、化妆瓶、塑料购物袋、塑料酒瓶、盆、碗、废电器、电池、农药瓶不同材质的包装盒等，由村委会在各组设立固定的收集地方，由清洁公益岗位人员进行分类处置，及时联系向外清运。养殖业方面，积极推广以制备沼气为用途的循环模式，实行"畜—沼—药（果茶桑）"等循环利用，形成上联养殖业、下联种植业的农牧循环新格局。农产品加工业方面，鼓励企业进行技术改造，采用现代高新技术对农产品加工过程中产生的废水、废渣等废弃物进行循环再利用，实现物质资源的

"封闭循环"和废弃物的"零排放"。服务业方面，以餐厨废弃物治理为重点，积极推进回收体系、资源化利用和无害化处理设施建设，加快构建循环产业链。居民生活方面，以生活污水、垃圾等有机废弃物为重点，建立分类回收、利用和无害化处理体系。在上述五个方面建立循环的基础上，由区县政府主抓，统一标准要求，镇村同力实施，推动环环相扣、多环链接，构建复合型循环经济产业链，促进一二三产业融合发展，为实现农业强、农村美、农民富奠定坚实基础。图难做易，为大做细。坚守生态文明理念，以直接影响群众身体健康的环境问题为重点，动员组织村民居委会参与，逐步养成良好卫生习惯，人人参与，人人共享，共建美好家园。

第五节　面源有机物无害化发酵处理技术方法

一、发酵前物料准备

根据不同情况有以下三种准备方法：

一是将出圈的畜禽粪便摊晾至水分约50%，然后进行堆垛。

二是将干粪便和湿粪便均匀混合后，水分在50%左右也可；例如将干粪便打底，上面铺盖湿粪便，然后加菌翻倒。

三是将牛粪直接铺在牛圈中进行直接摊晾，至水分适中再进行倒运，这样既节省晾晒场地，又能避免倒运中因太湿造成的不便。

堆肥湿度要求在50%左右，是由于发酵主要靠微生物的作用完成。水分过高，透气性太差，厌氧发酵过多，导致有机物不能完全分解，不利于堆肥发酵；水分过低，不利于微生物生存繁殖，含水量低于40%，堆肥微生物降解速率明显下降，不利于堆肥发酵。

堆肥含水率在50%左右时，用不太精确的方法测量，即用手用力攥紧时，堆肥混合物应该比较潮湿，稍有渗水，但不会有水滴，即为合格。

二、发酵条垛堆置

将调整好水分的原料进行人工或机械堆垛，一般垛底宽1.5米，高约0.6米（以翻倒车能翻倒的宽度和高度为准），垛长随场地而定（如没有翻抛机可以堆1米见高的方垛，安排铲车翻倒）。

堆垛完成后，均匀撒入腐熟剂：

用法用量：每吨（或2方）有机物料添加发粪宝500毫升，添加时用水稀释10～20倍（以能够撒匀为好），均匀地喷洒或泼洒在准备发酵的有机物料上（菌剂加入数量越多，腐熟效果越好，加入后用翻倒车翻倒均匀，即为堆垛完成）。

测温计量：堆垛后以斜度45°插入温度计（5～8米一根温度计），尽量让温度计的感温端接近垛中心，每天早晚各观察记录一次。

注意事项：如三天内温度没有升至50℃，即判断为出现问题，主要应观察条垛湿度是否过高，如过高，应加入适量较干的原料进行调整或咨询技术人员。

三、发酵第一阶段

发酵第一阶段：当垛温≥50℃时，开始用翻倒车进行第一次翻倒，一般每天进行一次翻倒，初春、深秋可以视垛温情况2～3天翻倒一次。

初春、深秋、初冬时节，以堆肥温度超过50℃起记，一般15天左右完成发酵第一阶段；

其余春夏秋时节，以堆肥温度超过50℃起记，一般10～12天完成发酵第一阶段。

四、发酵第二阶段

发酵第一阶段完成后,将低垛转运堆成高垛,高垛随场地方便而置,一般垛高 1.5~3 米均可,这是堆肥的充分熟化及高温灭菌无害化阶段,必不可少。

高垛仍需插温度计,斜度同为45°,并进行每天早晚两次的温度记录。

高垛期间,7天进行一次翻倒,翻倒3次后即可,此为发酵第二阶段。

各村可根据本村实际,引导村民自行堆肥处理,也可以划分片区,村组织集中进行沤制。之后,则分发交由本区农户自用。这样用微生物技术的科学方法,引导组织群众将有机污染物变废为宝,增肥地力,降低生产成本,从而走上"清扫→收集→沤制→施用"环境综合治理循环之路。

案例七

黄山村环境整治与面源有机物无害化处理利用

商洛市商州区大荆镇黄山村是一个山区小村,常住人口200左右,以老年人、妇女儿童为主。种植产业主要是中药材、土豆、玉米,土豆、玉米等主要自食;养殖业以户为单位,主要饲养牛、羊、猪、鸡。全村森林覆盖率达98%,主要污染源是畜禽粪便和季节性杂草落叶、生活垃圾等。在环境卫生整治中重点突出抓了两方面:一是结合实际,在广泛征求意见的基础上,制定了《黄山村环境卫生农户"十不"公约》,即"每日清扫,垃圾入箱,不乱弃;杂物堆放,整洁有序,不零乱;土石柴草,存放整齐,不占道;畜禽粪便,集中沤制,不散落;生产垃圾,即时清运,不隔夜;建筑弃物,即时清理,不跨月;劳动工具,定位备存,不乱放;人居环境,义务劳动,不逃避;爱护环境,服从监管,不争辩;居家环境,绿化美化,不偷懒"。印发入户宣传,督导农户照此落实。经过几年推进实施,取得较好成效。"黎明即起,洒扫庭除。"这种家风家训应得到传承。

二是围绕养殖户进行畜禽粪便无害化示范,构建长效机制。养殖户畜禽粪便、生活垃圾、杂草落叶是主要面源污染源。我们建立养殖大户+党员机制,由养殖大户、党员李改宪示范带动,引进木美土里复合菌种,既有好氧菌群,也有厌氧菌群,对畜禽粪便、生活垃圾、杂草落叶进行集中加复合菌种沤制,减少环境污染,洁净卫生,变废为宝,还田培肥地力,增加土壤有机质,改良土壤结构。每年百十亩甜高粱、核桃树长势喜人,产量高,品质好。养殖大户、党员的示范带动了其他养殖户自觉行动起来,也取得良好效果。这一技术措施取得了洁净环境、减少污染,变废为宝自制生物有机肥,增加土壤有机质,培肥地力,减少化肥投入,优质高产高效等多方面的良好成效,得到当地政府的肯定与奖励。

附:畜禽粪便灭菌沤制示意图

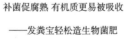

补菌促腐熟 有机质更易被吸收
——发粪宝轻松造生物菌肥

欧美工艺集成优质菌群

分解加速腐熟,增加肥力

农家肥+发粪宝变为腐殖酸+菌剂

第六节　促进劳动就业

在改革开放之前，农村世代劳动者都以农业为生，学习传承的是农业生产之法，世代延替，繁衍生息，传承着数千年农耕文明。自从改革开放以后，随着农业生产技术的改进，生产效率显著提高，产生出富余劳动力。在改革大潮推进下，这些"农村富余劳动力"开始进入城市务工，参与城市建设，拥有了"农民工"的特殊身份。至此，农村劳动力向城镇自由流动，农村人口大量减少，农村"十门九锁""四人三地"，甚至出现"空心村"。进城务工已成为多数农村劳动者谋生择业的主要方向，务工收入也自然成为家庭的主要收入来源，能否找到活计、能否稳定务工就业已经是他们最关心、最焦虑的大事。脱贫攻坚期间，各级党委政府、帮扶单位始终千方百计提供各类用工务工信息，组织外出务工，提供各类技能培训，目的在于稳定劳务就业，稳定家庭收入。在脱贫攻坚成果巩固期间，监测劳动就业、促进劳动就业也是重要巩固内容之一，是保障农村家庭收入的重要方面，需要精细化分类，帮扶指导，不断赋能，提高劳动技能，拓宽适岗面，稳定提高劳动者就业，努力做到促就业、保收入。

一、农村劳动力就业基本现状与存在问题

随着大量农村劳动力进城务工，农村特别是中西部农村家庭出现新的变化。我国西部农村家庭，大体可分为四个类型：一是举家进城工作生活；二是家庭代际分工，年轻者进城务工，年老者留在农村老家生活；三是农忙时返乡务农，农闲时进城务工，呈"两栖式"特点；四是

纯粹在家务农，这部分家庭基本是有病残患者，缺少劳动力。对农村家庭依据劳动务工情况、主要居住地进行划分，目的是有针对性地进行监测帮扶，研判农村劳动力结构，为乡村振兴引才招才，谋划乡村振兴。农村外出务工人员主要从事建筑、保洁、保姆等简单体力劳动，自由择业多，工作时间长，工作岗位不稳定，其收入自然不够稳定。如从事装修前改拆工作，只需有体力和简单工具即可，工作时间自己确定，有活干时，每天可收入近千元，但一月内有效工作时间常常只有半月左右，但他们认为这比在家务农务工好太多了，有时没活时，非常焦虑，但又无从改变，安于现状。

分析进城务工情况，主要存在以下几个问题：

一是文化程度偏低，缺乏专业技能。因此，只能从事诸如建筑、保洁、保安、家政服务等体力劳动工种。这些简单重复性的工种，从长期来说，对提升个人从业技能，保持持久稳定收入，没有多大裨益。

二是自主性强，自由度高，稳定性差。除少数有一技之长或愿意在工厂做工外，多数务工属自主寻找或人情介绍或劳务市场招揽的零散短工，这样自主性强，自由度高，可以不受管理约束，但稳定性差，有些人短期内多次更换工种工地，或出现长时间跨度间隔，收入不稳定，始终处在焦虑之中。

三是缺乏法律、安全保护意识，干完活拿不到工钱、安全事故时有发生。一旦发生安全事故或讨要不到工钱时，不能依法依合同维护自身合法权益。这也是当前外出务工家庭动态监测的重点。务工意外伤残，导致支出剧增，家庭收入骤减，成为风险监测对象。村级责任人需要切实按月进行跟踪监测，了解掌握动态，切勿闭门不闻不问想当然。政府相关部门需要加大数据比对，加大排查工作力度，及时反馈核查。

二、动态监测，培训赋能，全力帮扶促就业

一个家庭只要有一人稳定就业，这个家庭的基本生活就有保障。劳务输出就业仍然是刚刚脱贫的地方群众的主要收入来源，在脱贫攻坚成果巩固期间，促务工就业成为重要工作之一，必须加强，需要引导好、服务好、监测好、帮扶好。每个心智健康的人都有劳动权利，要尊重这个权利。劳动最光荣，劳动最快乐。通过监测帮扶，使大家有活干、有事做、有钱赚，每个家庭生活就有保障，就利于促进乡村和谐富足。

建议可以从以下几个方面进行帮扶，促进劳动就业：

一是在村里引导帮助有劳动能力者，无论男女老幼，都尽可能地有事做，无论是在家种植、养殖，还是打零工。对长期居住在村身体健康的老者，要扶持他们在安全前提下从事力所能及的农活，使他们心情舒畅，身体得到有益锻炼，增加他们的劳动快乐感。特别是对于易地搬迁离开原有村庄土地的老人，地方政府要协调解决小块土地，由其种植时令蔬菜，以满足他们的劳动欲望，增加劳动快乐，也能达到"搬得出、稳得住、生活有保障"的目的。安康市平利县在实施的易地搬迁户"十小工程"中，由政府协调给易地搬迁户划定一小块耕地的做法就值得借鉴。

二是对于身体健康但懒于做事的青壮者，村两委会要主动帮扶，特别是驻村帮扶单位要主动作为，根据劳动者意愿与自身条件，帮助其耕种或养殖，或提供本地本村零活务工等劳务信息与机会，督导其通过自身劳动，增加收入，改善家庭生活。同时协调构建劳务互助模式，吸收此类人员参与其中。尽管这部分人在一个村属于极少数，但需要重点帮助，这是村两委会的职责。

三是按照当地政府统一要求，由村劳动务工信息员建立本村在镇外务工劳动者信息库，有效动态监测域内劳动务工情况，进行有效信息交

流和跟踪动态帮扶。这项工作需要主动作为，通过各种方式方法收集域内务工信息，克服务工人员不主动、不愿意提供信息的现实困难，尽最大努力建好务工信息平台，便于信息交流、信息共享和动态监测帮扶。这是一项基本资料信息库，需要长期坚持，对巩固脱贫攻坚成果，以及乡村振兴，都是十分必要且重要的。

四是树立扶产业兴产业就是促进就业的工作理念，抓产业就是促就业的工作思路，主动挖掘当地劳动密集型特色手工产业，协调统一组织起来，形成一定产业规模，积极帮扶拓展市场销售渠道，助力加工、电商等业态发展，促进一二三产业融合发展。产业促劳动力就近就地就业，增加农民收入。陕西千阳支持西秦刺绣专业合作社壮大发展，吸收当地1.2万贫困劳动力务工就业，虎头帽、虎头披风、虎头枕等特色刺绣产品供不应求，远销海内外，使每个贫困家庭年增收8000元。促进就业就是要通过对本乡村现有产业进行帮扶，补短强弱，化解"急难愁盼"，促进现有产业可持续健康发展，稳定这部分产业链上的就业。如帮扶养殖户引种甜高粱、苜蓿等，既解决了养殖户冬春草料不足的实际困难，促进养殖稳定发展，稳定了这部分劳动者就地就业，同时，因应着饲料草种种植、收割，又提供了部分短期用工机会，使在村其他劳动者实现就地就近务工，增加了家庭收入。大力侧重培育劳动密集型产业，提供更多劳动岗位，是当前阶段促就业的一个有力抓手。陕西最大的劳动密集型产业以苹果产业为代表，帮助推动产业高质量持续发展，对有效解决劳动力就业，意义重大。否则，产业衰落，劳务就业会出现更多更大的困难。

五是随着乡村振兴稳步推进实施，镇域内将有更多的如平整土地、道路、水利、通信等多项基础项目，各村党支部要灵通信息，主动协调争取项目或项目劳务，组建相应的劳务组织，为本村镇劳动者提供劳务机会。项目带动就业，增加群众家庭收入。如黄山村原党支部书记马平娃开办了一个绿化苗木公司,组织村民从事绿化苗木生产,由公司统一出售。同时,在外积极参与招标,争取绿化工地劳务,招收本乡村群众到工地务工,每年为群众增加收入数万元。各村党支部要主动作为,出主意,想办法。切不可事不关己,高高挂起,坐失时机。更要排除怕说闲话的为难情绪,因为这是为公不为私,职责所系,光明磊落。

六是劳动者技能培训始终是长期基本任务。过去,各级政府部门组织过各类技能或技术培训,发挥了一定促进作用,但存在时间较短、频次不多、培训内容和受训者需求契合度不高等问题,需要进一步改进提高。技能培训应由地方政府部门统筹协调,主导组织实施,可以采取自主技能培训、委托技能培训和用工单位附加技能培训、点餐式培训、现场教学等方式方法。培训内容需要进行自下而上面对面调查、务工信息平台调查,了解掌握所需,分类确定内容组织实施。同时,要充分发挥互联网平台优势,开展劳务技能"云培训",制作专业培训课件,公益性提供务工人员收看自学,这样可以解决技能培训供给与需求错时错位的矛盾。区县委组织部门、乡村振兴部门及各驻村帮扶单位,可统筹协调帮扶单位,充分发挥各自优势,积极开展产业培训,制作产业培训教材、课件,构建培训网络平台,传播科技,提高劳动者科技素质能力,开展技术指导服务,促进产业发展。

七是镇村一级重在收集需求,围绕主导产业,适时适量组织现场农业生产技术培训、生产现场指导和劳务技能培训、技能比赛等,让乡土人才增智赋能提质,在乡村振兴中大显身手。各帮扶单位可在这方面充分发挥自身优势作用。引导利用村级班子基层发动组织功能,发挥村两委班子成员、驻村第一书记、工作队成员的积极性和创造性,鼓励带动群众投身乡村发展产业,推动实施乡村产业振兴。这要求基层党组织、干部转变观念,明确方向,创新形式,育用结合,敢于、善于使用各类人才,特别是年轻人,让年轻人在实践中得到锻炼和提高,达到"干中学"的目的,接续奋斗。

八是村两委会可在春节期间,借助外出务工人员相对比较集中返乡之际,有计划地组织"外出务工人员恳谈会",介绍本村一年来工作、新变化,凝聚力量,共叙乡愁,共谋发展;讲解乡村振兴新政策、新机遇,招引有志者返乡创业,共谋乡村振兴。有计划地组织开展"外出务工人员技能培训会",对大家普遍关心、普遍需求的技能要点、安全常识、法律知识等进行有针对性的培训,现身说法,答疑解惑,促进稳岗就业。也可以借此交流增进感情,互通劳务信息,抱团取暖。同时,引导本地在外有一技之长的能人和乡贤回乡创业就业,参与乡村振兴,回馈家乡。

第七节 助教兴学圆梦

振兴乡村教育是实施乡村人才振兴战略的必由之路。乡村教育不振兴,就难以从根本上激发提高乡村群众的内生动力和发展能力。乡村振兴关键在人,在基础教育。在城乡一体化过程中,乡村教育资源配置处于劣势,乡村教育处在应试水平低下和素质教育缺乏的双重矛盾之中。随着乡村学校撤并、劳动力进城务工,域内学生数量锐减,生源不断流失,乡村老师不安心、不精心于乡村教学,教育质量不高似乎已经成为大家的普遍共识。

在实施乡村战略中,振兴乡村教育已是无法回避的重大课题,必须首先振兴乡村教育。因为,乡村学校是村庄的灵魂,乡村的精神寄托在乡村学校,乡村文化的传承也要依靠乡村学校。随着乡村振兴战略的推进实施,乡村教育将进行深层次改革。乡村教育应该建立形成不同类别、不同层次的"大教育"格局,并优化配置教育资源,科学设置乡村教育评价体系，全面振兴乡村教育，服从服务乡村振兴战略。

一、正视乡村教育存在的根本问题

保学控辍，适龄学生保证完成九年义务教育是脱贫攻坚硬任务，是"两不愁三保障"核心指标之一。我们必须秉持"教育是阻断家庭贫困代际相传的根本途径"的理念，继续巩固教育扶贫成果，保持并强化教育扶持政策，拓展教育思路。挖掘培养一批"爱农村、懂农业、有技术、会管理、善经营"的乡村振兴人才，需要国家深化改革，给予乡村教育更多政策支持。立足未来，面对现实。着眼于现实存在的问题，从点滴做起，点滴式不断改变，就能不断接近目标。现实中，有不少家庭的老人，已经年迈体弱，仍在辛勤耕作，究其原因是早年失于子女教育，没有帮子女树立起正确的人生观、价值观，子女又无一技之长，好吃懒做，进城务工也没有学到技能，收入不高而消费不低，虽已成家仍需父母帮忙贴补支付日常生活开支。如果说这是早前的事，当下不学无术的年轻人中也不乏其人，游手好闲，沉迷棋牌赌博或手机游戏，甚至靠网贷生活，不能自食其力，成家立业困难，成为家庭的沉重负担。究其原因是家庭教育、学校教育缺失。子女教育价值观出现严重偏差，父母总想着自己多辛苦些，为子女创造更好的生活条件，维持子女来之不易的婚姻家庭，殊不知"子孙若如我，留钱做什么，贤而多财，则损其志；子孙不如我，留钱做什么，愚而多财，益增其过"。父母陪护子女之路能有多长呢？

素质教育重于应试教育，缺失爱劳动、爱自然、爱父母、爱社会，学做人、学技能、负责任等基本素质教育，乡村尤甚。同时，价值观扭曲，能挣钱、能挣更多钱，似乎已成为评价一个人的唯一标准。最早进城从事体力劳动的务工者，尽管比同龄人生活宽裕，抑或成为同龄乡邻们羡慕的对象，但也没有能在城里扎住根，身体健康出现问题后被迫返乡，就是一个教训。

二、抓教育促乡村人才振兴的路径与方法

面对这些现实问题，汲取过往教训，因应家庭幸福生活需求和乡村振兴要求，应从现在做起，从点滴做起，持力推进劳动者教育。

一是强力推进社会主义核心价值观宣传学习，将社会主义核心价值观教育作为乡村文化教育的核心，使其深入人心，帮助树立正确的人生观、价值观。重视家庭教育与学校教育良好互动，努力将子女培养成一名身心健康、体格健壮，有一技之长能自食其力的合格劳动者。每学期由村委会主持召开一次"家长会"，用讲故事的形式讲述中国古代家庭教育成功故事，让村民从故事中接受启迪启发。宣讲《中华人民共和国家庭教育促进法》，讲述法律规定要求，教育村民做到知法守法，履行法定家庭教育义务。深入了解每位学生在学校、家庭学习生活中遇到的困难，商议妥善解决的方式方法等。目的在于教育家长，提高每位家长的思想认识，使其掌握家庭教育的科学方法，从娃娃抓起，从最起码的说话抓起，"人生小幼，精神专利；长成已后，思虑散逸；固须早教，勿失机也"。家长要与孩子一起成长进步，密切配合学校做好孩子的教育工作。也需要村组干部、驻村干部在日常入户走访中，与乡贤能人一起组织开展文化活动，寓教于乐，不断反复讲解宣传，形成价值认同。对已发现的问题青少年，需要主动介入，帮助家庭教育该问题青少年。挽救一个问题青少年就是挽救了一个家庭，要维护每个家庭和本村的和谐局面。

第一，建立义务教育学生台账，配合所属义务教育学校，继续严格保学控辍。积极宣传落实教育帮扶政策，确保适龄学生完成义务教育。村两委干部、驻村干部要经常性宣讲子女教育的重要性、正确方法，用本村本乡身边的学生成功教育典型事例，现身说法，鼓励激励大家向其看齐学习，营造比超赶学、人人尊师重教的良好氛围。对因家庭出现突发性变故导致存在辍学风险的学生,要第一时间介入,第一时间启动干预机制,及时跟进帮扶,确保其继续完成学业。

第二,政府延续强化教育资助机制,帮助学生完成学业,鼓励其努力学习,激发潜能,向更高目标迈进,充实提高自己的学识与能力,实现个人梦想,做一个有理想、有技能的合格劳动者。各驻村帮扶单位也应建立健全相应的村级学生资助机制,与当地政府协同推进教育发展。这是一件利在当下功在千秋的大事,应抓实抓好。西北大学在商州区大荆镇黄山村已建立起学生资助机制,6年间共资助103名学生,其中大专以上学生63名,已有1名博士、2名硕士毕业,49户家庭从此摆脱贫困。

第三,留守儿童是农村"空心化"过程中形成的特殊弱势群体,需要得到更多的人文关怀、文体娱乐、心理疏导和学习辅导等帮扶支持。应组织动员帮扶单位、爱心企业、爱心人士等组织和个人关心关爱留守孩子,捐助衣物、学习用具,举办文体活动,让孩子们感受到"被爱",享受到快乐,愉悦心情,健康心智,促进德智体美劳全面发展。就学习而言,这些孩子多数与母亲、祖父母共同生活,家人自身能力、时间有限,使孩子缺少学业辅导。可以组建志愿者团队,利用寒暑假、节假日到帮扶村组织文体活动、学习辅导,为孩子们答疑解惑;也可以开发小程序,通过互联网进行云辅导,定点或多点让更多的留守孩子得到服务,让更多的留守孩子得到关爱。可以动员组织爱心企业或爱心人士购买这种云辅导服务,由在校大学生支教志愿团队负责完成,届届接续不断。西北大学研究生富平支教团已坚持十多年,取得了良好效果,既满足了帮扶地孩子的需要,又使大学生自身得到了很好的锻炼。

第四,针对乡村群众普遍文化程度不高、缺乏技能的现实,开设"农业科技讲习所""文化道德大讲堂"或者"夜校",以农村在村人员为对象,分不同内容定期组织学习,授课讲解、听讲学习与实践、讨论交流相结合,长期坚持,形成制度,养成习惯,使村民在听、学、做中不断提高思想觉悟、文化知识、技术技能和实际动手能力,不断为乡村振兴培育乡土人才,使每一个乡村人员特别是中青年劳动者的文化水平有所提高,使其掌握一两门实用技能,拓宽就业路子,像过去村庄里的"手艺人"一样。陕西枫丹百丽生物科技有限公司在陕西省宝鸡市千阳县设立"乡村振兴讲习所",商洛市交警大队于脱贫攻坚期间,在所帮扶的石涧川村开设"农民大讲堂",收到良好效果,受到群众欢迎,值得驻村帮扶单位学习借鉴。这是一个潜移默化的过程,不可能有立竿见影的效果,需要长久坚持,久久为功,切勿急功近利,只要努力坚持做下去,就一定能取得意想不到的良好成果。

第五,建立乡村振兴指导员制度,构建长效机制。以区县为单位,选择有农村工作经验、有农业技术特长、热心服务"三农"工作的人员,发挥传帮带作用,巡回在各乡镇、乡村振兴团内培训指导,传授农村基层工作经验和方法,弥补新任村干部、驻村帮扶干部"三农"工作方面的不足,帮助稳步推进脱贫攻坚成果巩固拓展,共同谋划,推进实施乡村振兴工作取得实效。

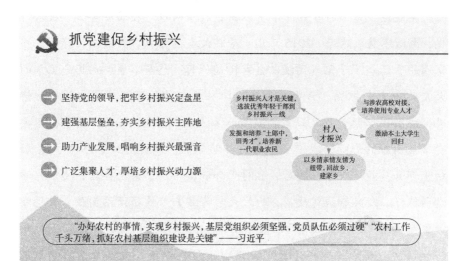

案例八

西北大学志智双扶　重教筑梦断"穷根"

2016年，李志盈的大儿子考上四川师范大学的研究生，二儿子考上西安邮电大学。本该是双喜临门的好事，李志盈却因学费发愁得不得了。"凭我在家务农的微薄收入，哪能同时供得起两个孩子上学！"李志盈回想起当时家里的情形，忍不住擦拭眼角的泪花："我当时就跟他们商量，不上学了，早点打工，家里还能多点收入。"

西北大学驻村干部老陈知道此事后，赶忙来劝说："老李啊，咱们咬咬牙坚持一下，等孩子毕业，到时家里的日子就好过多了。"

"我记得当时陈叔叔立刻送来6000元，他还拉着父亲的手，跟父亲讲了半天学校里助学金和助学贷款的政策，这才让父亲同意了我们继续上学。"李志盈的大儿子李龙说。

现在，李龙考上了公务员，在西安市工作。二儿子李浩大学毕业后应聘到西安市一家电子科技公司工作，李志盈一家的生活越来越好了。

李晓波，黄山村建档立卡贫困户，原本两口子在西安务工，收入可观，生活不愁。然而，2015年底，李晓波发生意外，导致高位瘫痪，一家人的生活一下子陷入困境。全家情绪低落，愁眉不展，尤其是上学的大女儿为未来担忧。为此，西北大学驻村工作队深入其家中，了解情况，讲解国家脱贫攻坚政策，鼓励一家人树立生活信心，"孩子，不要受家里困难的影响，我们会尽全力帮助你们，你要更加努力学习"，驻村干部如是鼓励孩子。随后，驻村干部积极协调，亲自办理，使该户享受到低保、残疾等扶贫政策，西北大学为该户专设了清洁岗位，每年增加收入6000元。还组织西北大学附属医院专家上门诊疗、法学院提供法律援助。日常关心孩子，交流谈心，疏导心理，提供必要的学习书籍、校服和学习用品，鼓励激励其不断努力学习。2020年，孩子以优异的成绩升入重点中学。"感谢党和政府，感谢西北大学，我会努力学习，成为一个有用之人，将来回报父母，回报社会。"

扶贫先扶志，治贫先治愚。西北大学在黄山村精准扶贫、脱贫攻坚的8年中，始终坚持志智双扶，通过常年反复入户走访，掌握家情，知难事，解烦事。围绕家庭产业组织技术培训。编印技术教材，组织群众外出参观，开阔眼界，使群众在学中干，在干中学，学习掌握一两门实用技术，激发干事创业激情，激发内生动力。采取"五动工作法"，使群众心、脑、手、脚都动起来，有效克服"等靠要"思想。"奖励办法好。鼓励了先进，也带动了落后的人。"三组贫困户返乡创业青年李树林动情地说。他返乡养牛，从最初的5头牛，到现在除已收回成本外，存栏18头牛，成为全村养牛最大户，成为返乡创业优秀青年代表。

"我们紧紧扭住教育这个脱贫致富的根本之策，强调再穷不能穷教育、再穷不能穷孩子，不让孩子输在起跑线上，努力让每个孩子都有人生出彩的机会，尽力阻断贫困代际传递。"习近平总书记是这样要求的，西北大学在驻村帮扶工作中也是这样做的。

当夕阳的余晖洒在黄山村这个秦岭深处的小山村时，我们看到一家农户小院落里，有七八个学生，手捧着由西北大学赠送的《上下五千年》一书默读的场景，这是黄山村最亮丽的风景。驻村帮扶8年间，西北大学动员组织干部职工、附中附小、校友企业开展"情系山区，关爱孩子"活动，捐赠学习用品、校服和书籍，让山区孩子有了"被爱"的感受，激发他们努力学习，用知识改变命运。学生家长也备受教育，关心支持孩子教育，努力使孩子成为一个心智健全的合格劳动者。驻村干部在日常入户走访中，宣讲教育帮扶政策，排查困难问题，检查教育政策精准落实情况，发现问题逐一登记，逐一及时解决，让教育帮扶政策落实落细。同时，用本村家庭早年失于孩子教育，孩子过早辍学，走向社会，懒惰无技，只会享乐，让家中年迈的父母依然为其辛劳的身边实例，教育孩子家长，尽一切努力重视孩子教育，共同将孩子教育抓紧抓实。现在，黄山村不仅实现了保学控辍目标，而且，家家户户重视孩子教育，比超赶学已蔚然成风。

"上西北大学是我的梦想，今天在黄山村见到了西北大学郭校长，真是有幸，也算是上了西北大学了。"这是2018年西北大学校长郭立宏为年度各级各类新生发放西北大学助学金现场，在读博士生郭玲同学动情的话语。郭校长寄语黄山村的学子："一要遵纪守法，知敬畏，守规矩，老老实实学做人，踏踏实实学知识，努力成为一名德才兼备的有用之才；二要心存感恩，敬父母，尊师长，铭记父母的养育之恩和师长园丁的教诲，让心中的爱存续且不断传递下去；三要养成良好的学习生活习惯，让学习相伴一生，受益一生，助力实现个人梦想。"西北大学立体式教育帮扶，在黄山村产生了良好效果：五组贫困大学生王超凡从西北大学物理系毕业后，就业于西安三星公司；四组王照耀同学毕业后，就业于西安一家科技公司；三组周校利两个女儿均已大学毕业，做了教师和医生，儿子在读本科……

西北大学自开展志智双扶以来，采取入户走访、院落会、板凳会、地头会等形式，讲政策，授技术，扬正气，鼓干劲；多方动员组织，关爱山区孩子，由资助大学生，又下延扩大到初一、高一新生，累计资助各级各类学生103人，其中大专以上学生63名，已毕业的大学生全部就业，使49多户贫困家庭彻底摆脱贫困，拔掉了穷根，阻断贫困代际传递。

西北大学党委书记王亚杰要求，驻村帮扶工作既要着眼当前之需，着力巩固拓展"两不愁三保障和安全饮水"，又要立足长远，多在技术、教育、内动力上下足"绣花"功夫。截至2020年底，黄山村121户469人如期达标脱贫，人均可支配收入由2012年底不足3000元增加至 10832 元。

第八节　文化铸魂，促进乡村文明

　　物质生活之外，则属于精神生活。加快乡村文化建设不仅是全面推进乡村振兴应有之义，而且是全面推进乡村振兴的重要举措，是乡村振兴的灵魂工程。乡村文化建设一方面要深入挖掘与弘扬传统乡村文化中的精华，包括优秀思想观念、人文精神、道德规范等，发挥其在凝聚人心、教化群众、淳化民风中的重要作用；另一方面，要引入城市文化与现代艺术，强化城乡文化优势互补，实现乡村文化的创新与发展。落到实践中，要让乡村文化活跃发展，必须重视培育乡村文化人才，补足乡村文化机构人才短板，建立健全乡村文化人才培养长效机制；适应实际需求，合理布局规划建设农村文化基础设施，实施高质量文化产品的精准供给；尊重农村文化发展规律，重视农村思想道德建设，培育和践行社会主义核心价值观，为繁荣农村文化营造良好氛围。

一、乡村文化建设存在的短板问题

　　当前一些地方存在对乡村文化建设不重视、公共文化生活空心化、公共文化设施不健全、内生动力不足和文化资源整合利用不到位、妇女政治参与权利意识不强等问题。国务院发布的《新时代公民道德建设实施纲要》指出：在一些领域和地方道德失范现象依然存在，拜金主义、享乐主义和极端个人主义还较为突出；有些人是非、善恶、美丑不分，道德观念缺失或模糊，见利忘义、损公肥私、唯利是图、损人利己；造假欺诈、不讲信用现象久治不绝，妨害人民生活、突破道德底线、有损民族感情和国家尊严的事件时有发生。乡村社会道德失范体现在乡村理想信念缺位，传统集体经济趋于衰退，基层党组织出现弱化、虚化、边缘化，对马克思主义的信仰淡漠，对社会主义的信念不够坚定。一些乡村农民法律意识淡薄，社会公德观念不强，缺乏环境保护意识，形成了各种公共道德失范现象。一部分乡村居民道德观念偏移，政治信仰缺失，没有道德目标，缺乏奋斗精神，拜金主义、享乐主义和极端个人主义盛行，有的甚至唯利是图、见利忘义，在日常的经济交往中以假乱真、以次充好、坑蒙拐骗。有些人把拥有物质财富的多少作为人生价值的衡量标准，价值观念扭曲，团结友爱、乐于奉献、艰苦奋斗、勤俭节约等优良传统被忘记。

从现实情况看，因政策鼓励引导和趋利享有更多资源，农村大多数青壮劳动力选择进城务工，子女也随迁进入城镇就学，使得农村变成了老年村庄或"空心村"，农村学校撤并，农村没有了往日的"人气"。而农村文化生活单调匮乏，文化供给与群众文化生活需求相距甚远，完全不能满足群众精神文化需要，导致酗酒、赌博、低俗网络娱乐大行其道，以孝道文化为核心的传统文化被削弱遗弃，几近消失。特别是农村学校撤并，加剧了这一进程。我们要清醒地认识到，乡村学校是村庄的灵魂，乡村的精神寄托在乡村学校，乡村文化的传承也依靠乡村学校。教育是文化创新、文明演进、国家发展和人类进步的基本动因，教育改革可以成为社会转型、文化变迁的导向性力量。

二、从点滴做起，着力推进乡村文明建设

从党的十六届五中全会提出"乡村文明"，到党的十九大再次将"乡村文明"作为乡村战略五项总目标要求的一项目标要求，十多年没有改变，足见乡村文明的极端重要性。推进乡风文明建设，是激发培育乡村振兴动力的保障。乡村是传统文化和乡土文化的载体，激发乡村振兴的

内生动力需要以文化振兴作为精神基础。全面推进乡村振兴,需要坚持以社会主义核心价值观为引领,深入挖掘优秀乡土文化的丰富内涵,凝聚农民共同的价值取向、道德规范、精神风貌,培育文明乡风、良好家风、淳朴民风,提高乡村社会文明程度,焕发乡村文明新气象。

一阴一阳之谓道。健康先进文化弱退,就给低级腐朽的东西留下侵蚀空间。因此,必须加强乡村文化建设,用健康先进文化武装乡村干部群众,获得文化认同、文化自信,夯实乡村文明建设根基。应提高乡村自治能力文化,与乡村振兴相适应的、满足群众日益增长的精神文化需求的、能塑造新型职业农民的文化,能够保存、延续、创新传统文化精髓并与新时代精神相融合的文化。乡村文化建设至少应包含构建适应乡村新发展阶段群众文化需要的内容、形式和乡村文化阵地建设,基层乡村文化人才选育,乡村振兴中基层干部、驻村干部在构筑文化建设,塑造文化之魂,推进乡村文明方面大有可为。需要从最基础、最细微处着手,持之以恒,久久为功。

这里仅从村级层面,就乡村文化建设,推进乡村文明工作提出方法建议:

第一,干部守正,身体力行,争做表率。村级班子成员、乡村振兴驻村干部要做社会主义核心价值观的宣传者、践行者,用健康先进文化滋养心田,愉悦身心;要提高个人文化素养、道德修养和责任感,做事自律、谨慎、公正,用良好个人修养感染身边人。自觉远离酗酒、赌博等,坚决抵制这些不良行为,为群众做出表率,树立正确鲜明的导向。特别是驻村干部更要以身作则,严格要求自己,千万不能认为自己身处田野山中,无人知无人管,参与酗酒、赌博活动,不仅没有给乡村带去文明作风,反而参与其中,加剧破坏乡村文明。如果发现有这些行为者,应该及时召回。村党支部要创造条件,如订阅报刊、开设棋牌室、举办文体活动,组织群众参与其中,使大家动起来,让群众业余文化活动丰富起来，乡风自然文明起来。我在驻村的时候，借春节期间外出务工人员集中返乡的有利时机，曾多次举办"村民春节大联欢"活动，全村男女老幼欢聚在村便民服务中心广场，进行唱歌、棋弈、拔河等比赛，选出优胜者，给予物质奖励，每一位参与者获得一份纪念品。联欢活动丰富了村民文化生活，增添了节日气氛，增进了友情。

第二，塑造良好家风，传承孝道。家风秉承着一个家族或家庭的文化氛围、精神风貌和价值观。父慈子孝、夫妻和睦、节约淳朴等良好家风给每一个家庭成员带来力量，展示一个家庭的精神面貌，增强家庭和谐和凝聚力，让家庭成员更加专心用心地工作。孝是传统文化之根，是良好家风之魂。当前，乡村缺失孝文化传承，对家中老人缺乏应有的尊重和必要的赡养，老人缺少人文关怀，儿女子孙往往给老人甩脸色，更有甚者对老人不闻不问，好一点的，给几个钱，老人孤老而终。子曰："犬马皆能有养，不敬，何有别乎？"因此，应设立"道德讲堂"，传承优秀传统文化，重塑孝道传承，增进家庭和谐。同时，基层干部在日常工作中，要多进百姓门，多与他们交谈，弥补老人的情感缺失，言传身教，做出榜样，感召教育子女孝敬老人。优秀家风对于家庭成员有着潜移默化的影响，是构建乡村文明健康家庭的基础，可助推乡风文明建设。通过不断培育新时代乡村优秀家风，可加快乡村文明道德风尚形成的速度，助力全面推进乡村振兴。西北大学在黄山村连续举办了七届重阳节活动，以此感召儿女传承孝道，营造良好家风家教，收到了良好效果。

第三，榜样的力量是无穷的。培育树立本村尊师重教、夫妻和谐、邻里和睦、尊老爱幼、勤劳致富的好典型。在村党支部统一领导下，由党员、群众代表、乡贤共同参与，制定统一评选标准和办法，每年开展"五好文明家庭""好媳妇""好公婆""孝老好青年"等各类典型评比，开展自下而上的评选活动，定期发布，给予表彰奖励，用群众身边熟知的、看得见摸得着的好典型感召人，引导教育群众向典型看齐，立德树人，营造文明村户建设氛围，推进乡村文明建设向实向好。

第四，建阵地，强基础，育乡村文化新人。选择品行端正、热爱文化传播、有一定文化素养、热心公益事业的乡土文化人才，支持开设乡村文化小院，占领乡村文化阵地，为群众提供一个文化传播、交流思想、文体娱乐的场所，丰富乡村文化生活。构建党支部引领、帮扶支持，群众主体自建、共同参与的乡村文化阵地，充分发挥广大村民主人翁作用，积极参与开展文化建设活动，使乡村文化建设成为村民（居民）的自觉意识和自觉行动，共建共享，自我传承教育，形成建设合力，共同促进乡村文明建设。

第五，乡村振兴中驻村帮扶单位要主动作为，完善城乡文化结对帮扶机制。要积极促进城乡文化交流，组织地方艺术团体及本单位文艺爱好者，或高等院校师生深入乡村开展艺术表演活动，建立结对帮扶机制，完善交流制度，引导社会各类人才积极投身乡村文化建设，为加快乡村文化建设提供专业技术支持。

第六，村党支部、驻村第一书记、工作队要积极响应地方政府号召，挖掘引荐本村乡土文化人才，主动参与县域乡村文化人才培养，建立健全乡村文化人才培养机制，融入优化乡村文化建设的政策舆论环境，对接县区政府出台人才政策，与外来文化人才交流学习，增强文化活动的凝聚力和向心力。

第七，驻村第一书记、工作队要帮助所在村制定乡村道德文化规范。乡村道德文化建设要立足实际，完善各项规章制度，形成文化建设的规范及监督约束机制。针对乡村道德体系不成文的问题，组织相关力量，深入乡村社区开展调查研究，在广泛征求意见的基础上进行规范完善。制定本村"村规民约""红白理事操办标准""家庭环境卫生标准"等，使广大村民有所遵循。这些村规民约要源于实际，不能脱离实际，更不能闭门造车；既要有所继承，又要摒弃陋习糟粕，符合时代新要求；既要简单明了,又要具有可操作性。特别要注意挖掘收集本村历史上那些约定俗成的、简单管用的行为规范,为传统管用的、大家心里普遍接受的规约赋予时代新内涵,推进村民德治、善治、自治。同时要选配德高望重的乡贤人士组织"乡贤会",会同村党支部一起协同推进、监督落实。

第八,充分发挥乡贤作用。乡贤是从乡村走出去的优秀人物代表,对当地农民具有较强的影响力和号召力,是进行文化振兴和乡风文明建设的宝贵资源。要把乡情、乡音和乡愁等作为纽带,创建"乡贤会",以此来吸引和凝聚各类乡贤,壮大乡贤队伍,引导乡贤支持家乡经济文化建设。同时积极开展"学乡贤""亲乡贤""敬乡贤"活动,向乡贤看齐,学习他们的优良品质,建设新的乡贤文化,更好地为乡村振兴服务。

第九,加大传统文化的创造性转化和创新性发展,不断丰富优秀传统文化、红色文化、革命文化的思想观念和人文精神,有效转化创新中国传统的"知行观""义利观""和合观"。充分挖掘乡村遗址、遗迹、文物、文献资料、重要历史人物等文化资源,有效进行开发利用,带动乡村旅游并促进乡村经济发展,培育新时代乡村文化精神,增强乡村文化凝聚力。特别要注意农耕器具、工具的收集保护展示,保留农耕文明,存留乡村记忆。注重乡村非物质文化遗产如剪纸、刺绣、编织、秧歌、地方戏曲、面花工艺等的传承与"活化",植入现代互联网要素,加以市场化宣传推动,打造形成富民产业。在政策和资金上予以扶持,使之成为乡村文化振兴的重要引擎。商洛市商州区腰市镇有一位木刻雕花非物质文化遗产传人陈树涛老人,已是80多岁高龄,至今仍然勤耕不辍,收了数名当地年轻人为徒,手把手教授,以使这一非物质文化遗产技艺得到传承。

"三农"问题是全党工作的重中之重,全面建设社会主义现代化,关键看农村发展;全面推进乡村振兴,巩固拓展脱贫攻坚成果,主要看"三农"工作成效。中华民族的文化不仅是中华民族的血脉和根基,也是亿万百姓的精神家园。乡村文化是乡村发展、延续和振兴的基础，建设乡村文化，既能形成乡村发展的内生动力，又能有效推动新时代乡村治理体系和治理能力现代化，对全面推进乡村振兴起到积极促进作用。

第九节　乡村治理能力建设

2021年通过施行的《乡村振兴促进法》明确提出"建立健全党委领导、政府负责、民主协商、社会协同、公众参与、法治保障、科技支撑的现代乡村社会治理体制和自治、法治、德治相结合的乡村社会治理体系"，为加快推进乡村治理体系和治理能力现代化指明了方向、提供了基本遵循。对此，广大农村地区应该以党建引领、"三治"协同、科技赋能为抓手，久久为功地提高乡村治理能力，为实现乡村组织振兴提供强大助力。

习近平总书记在庆祝中国共产党成立100周年大会上的重要讲话中指出，"新的征程上，我们要牢记打铁必须自身硬的道理，增强全面从严治党永远在路上的政治自觉，以党的政治建设为统领，继续推进新时代党的建设新的伟大工程，不断严密党的组织体系，着力建设德才兼备的高素质干部队伍"。由此可见，夯实乡村治理根基的核心在于加强农村基层党组织建设和党的全面领导。县区级党委要将选优配强镇村党组织作为重中之重，使其真正成为推进实施乡村振兴的坚强堡垒，以乡村治理为有力抓手，实现乡土社会良序运行。

一、勤于学习，村级班子成员要锤炼成"三农"工作的行家里手

学习是进步的阶梯，是力量之源。当下，学习是基层干部的共同短

板。调查中发现，多数乡村干部普遍存在事情繁杂没时间学，不知学什么、怎么学的问题。大家习惯于碎片化学习，不深不透、不系统或断章取义、一知半解，更无实效，又难以深入思考，是普遍存在的客观事实。因此，村级党支部要带领班子成员向标准要求看齐，自我加压，自觉努力学习习近平总书记的系列论述、党的农村工作方针政策，学深悟透，锤炼党性，提高政治思想觉悟。学习科技文化知识，提高为民服务技能和本领；提高组织协调能力、带动协同能力、亲民服务能力，成为乡村振兴基层工作的行家里手。通过学习，不断提高自身思想修养、道德修为和法规意识，坚定理想信念，依法依规行事，以身作则，率先垂范，发挥榜样力量，增进向心力、凝聚力，为乡村有效治理打下坚实基础。

乡村干部身处振兴乡村第一线，肩负着宣传落实党的"三农"政策、组织动员群众振兴乡村的历史责任，因此要不断鞭策自己勤于学习。

二、合力推动做好农村思想政治工作

习近平总书记强调："要夯实乡村治理这个根基。"做好农村基层思想政治工作，农村就能和谐稳定，农民就能安居乐业，大局就有保障，各项工作就会比较主动。做好农村思想政治工作，要筑好宣传阵地，在用好用活农村传统宣传方式的同时，充分利用信息化手段，推出农民喜闻乐见的小故事、小视频和公益宣传片，掌握网络主动权。要筑好文化阵地，挖掘本地资源优势，把传统文化与现代文化结合起来，把传统形式与现代形式结合起来，运用民俗化、本土化特色资源，聚民心、化民众、淳民风。要筑好话语阵地，把解难题、办实事结合起来，发扬"水满缸，院子光"精神，讲农村话、办农村事，让农民愿意听、听得进，润物细无声地做好农村思想政治工作。要筑好情感阵地，"感人心者，莫先乎情"。要运用分众化、对象化的方式提高农村思想政治工作的针对性，"一把钥匙开一把锁"地做好农村思想政治工作。

三、春风化雨，驻村干部发挥"传帮带"作用，建强支部，夯实乡村治理基础

驻村第一书记、驻村干部来自各级机关、企事业单位，政治素质高，业务能力强，要把机关、企事业单位的好作风、好做法、好习惯带到农村基层，引导教育提高农村基层干部转作风、强素质，养成良好习惯。第一书记肩负着建强村党支部的重要职责，要督导村党支部依规照章办事，严格落实"三会一课""四议两公开"等法定制度，认真备课，亲自授课，示范引导，让规章制度、法定程序落到实处，保障农民群众的知情权、参与权、表决权，凝聚民心，防范村级微小权力违规滥用，化解矛盾风险。要深入群众，大兴调查研究之风，通过入户走访、召开"院落会""板凳会"听取群众呼声诉求，掌握群众"急难愁盼"，校正工作偏差，弥补工作不足，紧密党群干群关系，为村民自治夯实基础。要积极协调配合村党支部工作，亲自参与，主动作为，出谋划策，监督落实， 和村级干部群众想在一起，干在一起，不只做动嘴功，重在深入其中，以实际行动帮扶指导乡村振兴各方面工作，与所在村的干部群众一起苦干实干，推动乡村振兴落地见效。

四、强化训导，建强组织引领，有效推进乡村治理

培养村党组织发挥政治优势、组织优势，引导干部群众坚定地感党恩、听党话、跟党走，不断增强为乡村振兴做贡献的思想自觉和行动自觉。

今后，需要上级党委政府加强补短强弱，进一步强化村级班子建设：

一是减少事务性会议，少开会，开短会，腾出更多时间留给政策、技能培训，提高村级干部的政治思想觉悟、理论政策水平、基层治理能力和富民技能。

二是走出机关，多深入村组示范，带领村班子成员、党员调查研究，发现实际问题，分析解决问题；了解群众所需，问计于民，制定合理可行的工作方案，督导落实，通过带动村干部"干中学，学中干"，培养提高村级干部的认知能力水平，凝聚力量，建强村党支部。

三是采取"请进来，走出去"方式，组织培训，参观学习，开阔眼界，学习借鉴先进典型经验，结合本地工作实际，改进提高工作效能。

四是改进优化考核评价标准、评价方法，定期查阅村级干部学习笔记，看日常学习；定期考试、问题讨论，看进步程度；访群众反映，看为民办事实绩；组织单项演练，看处变应急能力。通过"查考访练"测试支部凝聚力、战斗力，找出能力水平差距、短板弱项，继续巩固提升。

五、构建"党群联盟"，共筑乡村治理体系，探索有效治理方法

坚持自治为基、法治为本、德治为先，打好"三治"组合拳是维系乡村治理格局良性运转、建设善治乡村的有效途径。

村党组织建设是党在农村全部工作和战斗力的基础，办好农村的事，实现乡村组织振兴，关键在党。推进乡村治理，要把农村基层党组织建设摆在更加突出的位置，加强党对村级事务的集中统一领导，依托"党群联盟"机制，实现党员联系村民"网格"全覆盖，有效整合村级多方力量形成合力，切实发挥党组织的战斗堡垒作用和党员的先锋模范作用。

一是组建形成"党支部+党员+乡贤+村经济组织负责人""党群联盟"治理工作机制，落实一名党员联系 10 户农户、一个经济组织的"1+10+1"模式，实施网格化全覆盖。按照党支部统一领导，落实支部安排部署，负责本网格内协调管理。

二是引导扶持户产业良性发展，使户户有产业，人人有事干，处在紧张有序的忙碌之中。"仓廪实而知礼节"，规避无事生非。探索村集体经济发展，增强村民参与度、利益关联度，以产业促就业，增加家庭收

入,凝聚力量。制定集体经济组织内部规范性管理制度,用心、用情、用制度关心人,管理人;积极引用人才、技术、项目,带动本村经济向好发展,提供更多劳动就业机会,促使群众更多就近就地就业,共同参与,共享经济发展红利。将党小组建在每个经济组织产业链之上,使其成为经济组织有效治理的核心。党员联系经济组织,将发挥模范带头作用落到实处,促进经济良性持续发展,成为乡村有效治理的保障。

三是在党支部主导下,由驻村第一书记、驻村干部、在村党员、经济组织负责人、返乡创业人员、矛盾纠纷调解会负责人、红白理事会负责人、乡贤等共同参与制定实用管用的村规民约,成为共同意志表达,在广泛征求村民意见后,作为全体村民自觉遵守的规约。共同制定,共同遵守,相互监督落实,筑牢村民自治民意、自我约束、自我管理的基础。采取以正向积极评价管理为主要形式,由乡贤能人共同参与制定的积分评价办法,逐事逐项进行评价并形成积分,根据积分给予相应的精神鼓励、物质奖励或者批评教育,进行行为约束。

四是引导重视家庭教育,让家长回归家庭教育本位,承担起家庭教育的第一责任,用正向价值观引导子女,言传身教训导子女,与学校教育、社会教育协同配合,使子女养成良好习惯,培养其成为德智体美劳全面发展的合格社会主义劳动者。《中华人民共和国家庭教育促进法》对家庭教育责任、内容、方法都做了明确规定,使家庭教育走上法治轨道。要引导树立良好家风,评选表彰各类先进典型,营造"人人学先进、人人赶先进、人人超先进"的良好氛围,让良好家风家教、道德风尚感召人、教育人。

五是积极开展法律宣传活动,特别是做好《中华人民共和国民法典》《中华人民共和国婚姻法》《中华人民共和国劳动法》等法律法规的宣传。与当地学校密切合作,做好在校学生的法律宣传,提高学生的法律意识。关心关爱问题青少年,主动介入,主动作为,协助疏导。聘请法律顾问，提供法律咨询、法律援助，及时帮助处理农户涉法问题，通过法律途径维护村民的合法权益。驻村单位应积极作为，也大有作为。

六是强化政策公开宣传力度，使政策宣传到户，坚决克服政策信息不对称、不及时、不清楚，被"克扣"引发的落实不全面、落实不到位、部分落实有偏差，及进而导致的矛盾纠纷，这是村级治理中特别要改进的。对上访户、越级上访户、缠访户要做好日常疏导教育，紧盯关键人与事协调处理，对屡教不改者，请示上级政府，依法采取果断措施，坚决维护社会平安，持续巩固乡村治理成果。

七是在村庄要道口、人员居住密集区、村户产业区及重点维控人员、重点保护家庭门口安装摄像头，交由专人负责管护，村委会适时监督检查，对不端行为、犯罪分子形成震慑，提高群众安全感，维护村庄和谐安全。

乡村治理是一项系统工程，需要综合施策，干部群众共同参与，充分组织动员群众，形成自治共治。从硬件、软件两个方面强化，既要有必要的硬件投入，更要有细化的、深入人心的、群众普遍遵从的规约制度，激发群众诚信守礼、互帮互助、爱自己爱他人、爱集体的行为自觉，打造乡村治理坚实基础，形成自治、德治、法治工作合力。

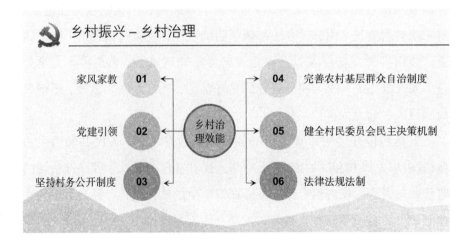

案例九

商州区"4434"基层治理模式

社区治理是市域社会治理的基本单元,加强社区治理是推进社会治理的重要基础,是保障和改善民生的有力举措。近年来,陕西省商洛市商州区认真贯彻落实中央和省委、市委关于城市基层治理的部署要求,坚持把加强基层党建作为贯穿基层治理的主线,探索建立"4434"体系,创新区域治理新模式,有效激发基层治理活力。

健全"四级联动"组织体系,筑牢根基提能力

商州区注重顶层设计,健全"四级联动"领导体制,压实工作责任,拧紧城市基层党建"动力主轴"。

党委引领全域统筹。坚持区委管方向、抓全局,加强对城市基层党建的统筹谋划,先后印发《关于加强和改进全区城市基层党建工作实施方案(试行)》《关于加强城镇居民住宅小区党的建设提升基层治理水平的实施方案》等系列文件,推动城市基层党建同向发力。

联席会议横向辐射。街道充分利用城市基层党建工作联席会议制度,吸纳派驻部门、驻区单位、新兴领域党组织负责人为联席会议成员,优化联席会议定期沟通、上下协同解决问题机制,共同协调解决驻地单位和居民群众关心关注的热点难点问题,确保相互联系更加紧密,推动工作更加顺畅,服务群众更加有效。

组织延伸纵向到底。以城市社区为基础,吸收居民代表、社区片警和城管执法、市场监管、国土、税务、物业公司等相关单位的党组织负责人参加,建立社区党建共建联合会,实现问题在一线收集、在一线反馈、在一线解决,打通基层治理"神经末梢"。

网格管理精准发力。推行社区网格化管理，全区设置132个片区、529个网格，将居民小组、驻社单位、商业网点纳入网格单元，建立网格长、楼（栋）长、中心户长管理网络，让党建引领城市治理精准有力、入深入细。

创新"四单管理"服务体系，破解难题强效力

商州区全面推行"群众点单、社区派单、单位接单、群众评单"管理，重点解决"民有所呼，谁来回应"治理难题。

网格"点单"明需求。设置网格长471名，畅通线上线下渠道，累计收集居民诉求4.3万条。深入开展诉求分析，"回复解释类""转交办理类"诉求快速办结率达98%以上；重点对"受理自办类"需求进行梳理分析，统计需求数量，形成居民"需求清单"8300余份。

社区"派单"定任务。完善报到单位、党员与社区"供需"对接机制，对单位职能职责、工作优势和党员干部兴趣特长、服务意愿进行梳理，形成"供给清单"4200余份。社区将"供给清单"与居民"需求清单"按类别进行对接，形成"服务清单"2800余份，同服务主体沟通后，进行精准"派单"。

单位"接单"抓落实。服务主体对社区派发的"服务清单"进行确认，完成接单，同服务对象沟通联系，说明自身的基本情况，了解对方的具体需求，如约提供服务，"服务清单"办结率达95%以上。事务办结后，及时向"派单"社区（居民）反馈办理结果，做到事事有着落、件件有回音。

群众"评单"优服务。建立"评单"通报制度，由社区党组织每月对驻区单位、党员干部"报到"及工作开展情况进行统计，邀请"点单"群众、所在社区"两代表一委员"和群众代表对"接单"完成结果进行评议52次，并将评议结果在社区进行公示，同步反馈至"接单"单位，作为干部评优树模的重要依据，激励党员干部多接单、接好单。做

好"四单"管理的同时，建强 26 个城市社区党群服务中心，设置"两厅两堂三中心三点五室"，推行延时、预约、代办等服务，累计提供帮办代办服务 2.6 万次。

完善"三治共促"工作体系，增强实效添活力

商州区充分发挥自治、德治、法治"三治"作用，变"独角戏"为"大合唱"。

发挥"自治"基础作用。推行"居民说事堂""我对党有话说""我的脱贫故事""庭院故事会"等，由居民代表、社区干部等共同参与。2021 年已组织"居民说事堂"等 650 多次，协商解决小区停车难、广场舞扰民等事项 850 多件，实现了小事不出网格、大事不出社区。全面推行楼长制，覆盖楼宇总数的 90%，着力创建"一家有事全楼忙、一家有难全楼帮"的文明楼、示范楼。

注重"德治"先导作用。推动优秀传统文化融入党建，建立"家风馆""和为贵"调解室，开展家风教育 150 场次，调解各类纠纷 480 件，举办道德讲堂 260 场次、"小板凳"宣讲活动 320 场次，举行"艾香端午邻里"等活动 110 场次，厚植基层社会治理的道德底蕴。

强化"法治"保障作用。落实"一社区一法律顾问""一社区一民警"制度，选聘 26 名律师担任街道社区法律顾问，开展法制宣讲活动。选派 26 名民警联系社区、包抓网格，推动警力集聚一线、化解矛盾。开展"零信访、零事故、零发案"社区创建，"零上访"社区达到 95%，"零事故"街道社区实现 100%。

强化"四重支持"保障体系，齐抓共管聚合力

商州区坚持以街道体制改革为统领，完善"六共"机制，壮大社区力量，夯实治理基础，强化支持保障。

深化街道体制改革。抓实街道体制改革，持续为街道赋能增效。统筹设置党政综合办公室等内设机构 6 个、党群服务中心等事业单位 3 个，

4个街道办事处共设置行政编制128名,全额事业编制159名;健全权责统一、条块分工、考核评价机制,赋予街道统筹协调、综合指挥、监督管理、考核评估等职权,着力解决权责不统一、"小马拉大车"等问题。

完善"六共"治理机制。全面推行政治理论共学、堵点难点共商、优势资源共享、党员队伍共建、实践活动共办、服务治理共推机制,通过社区搭建管理、服务、学习、交流平台,采取"大带小、强带弱"方式,发挥党建联盟联席会议成员单位在场地、技术、信息、人才等方面的优势,帮助各类组织发展党员,孵化党组织,做大城市基层党组织"朋友圈",把城市基层不同领域、不同行业的党组织凝聚在一起,形成党员"关系在支部、活动在一线、奉献在岗位"的良好局面。

壮大社区工作力量。推动244个机关企事业单位党组织、4388名在职党员下沉社区开展"双报到",建立党员突击队58支,组建"管得宽""一家亲""安居乐"等便民服务志愿队38个,实施共建项目300多项,开展志愿服务,帮助社区解决实际问题1200多个。

夯实社区治理基础。强化经费保障,明确社区、小区经费拨付管理使用标准,每个社区每年保障公用经费5万元、服务群众专项经费10万元、党建工作经费0.5万元,每个小区党支部每年保障党建工作经费2万元。

第十节　乡村自然灾害应急管理

万物生长于天地之间,交互影响,是很自然不过的事情。低温霜冻、寒潮、秋淋、大风、冰雹、暴雪、突发性森林火灾、强降雨诱发的洪水、滑坡、泥石流等自然灾害,每年在不同地区不同程度地发生,给农业生产、群众生产生活造成极大损失,同时如新冠肺炎疫情等突发性公共卫生安全事件,也威胁着人们的生命健康。这些紧急突发事态,需要早有预防、管控与科学有效处置,降低灾害危害损失,保障人民生命财产安全,维护稳定和谐的社会秩序。

一、防范处置灾害性天气对农业造成的不良影响

人们都在期盼年年风调雨顺,五谷丰登,但总不能年年处处如人所愿,每年都会发生不同程度的灾害性天气,对农业生产造成不良影响,导致农产品质量下降、减产甚至绝产。千百年来,农业生产过程总是伴随着各种灾害,人类在漫长的与灾害斗争的过程中,也积累了十分丰富的农业管理经验。由于过度开发、掠夺式经营、破坏自然,导致人与环境不能和谐共生,必然遭到"违背自然法则的惩罚"。我们现在常说的菜不香、瓜果不甜,就是过度施用化肥,追求高产量造成土壤严重破坏的结果,这是违背自然规律的恶果。同样,长此以往,破坏自然环境,使人与自然不能和谐共生,各种异常气候、灾害性天气愈来愈多,愈来愈严重。对此,我们必须敬畏自然、尊重自然,牢固树立绿水青山就是金山银山的发展理念,构建人与自然和谐共生的理念,修正我们的行为。同时,也必须采取积极科学的方法,应对各种自然灾害性气候,减少其对农业的危害,降低损失,维持人类自身生存与生态修复,保护农业生产健康有序发展。

常见的自然灾害主要有:

一是春季低温霜冻。几乎每年春季在不同区域会不同程度地发生低温霜冻,造成作物特别是果树、油菜等发生低温冻害。以苹果为例,每年春季,在陕西、甘肃、山西、山东等苹果主产区均有不同程度的花期低温冻害发生,造成花期冻死、受损,严重影响授粉,造成大量减产,甚至绝产。就是授粉坐果,也会形成偏斜果。果形不正,产量质量降

低，果农没有收益，严重挫伤积极性。长期以来，苹果产业萎靡不振，毁园刨树比比皆是，整体产业萎缩。洛川县近三年连续遭遇春季霜冻，给洛川苹果产业造成严重影响。商洛核桃也遭受春季低温霜冻侵袭，制约优势核桃产业健康持续发展。

二是高温伏旱。高温伏旱造成秋季作物在生长期因严重缺水影响正常生长结实，虫害发生严重，导致产量大幅降低，商品率下降，因防虫害用药次数增多，农产品安全性堪忧。对于处在生长期的果树来说，果实正常发育膨大受阻，会出现多种不良气候诱发的生理性病害，不仅降低产量，而且严重降低质量，售价、收益双双下降。

三是大风、暴雨、冰雹。由短时极端天气引发的短时大风、暴雨、冰雹，对受灾区域农作物危害极重，甚至造成毁灭性的破坏。同时，也可能造成受灾区域电力受损中断，引发山洪、滑坡，人畜伤亡、财产损失时有发生。

四是秋淋。秋季降雨可以增加土壤的墒情，有利于作物后期成熟，提高产量，但是，若秋季持续阴雨，多雨寡照，水涝成灾，则会严重影响作物的成熟与产量，导致延宕采收，延误秋播。2021年秋季，连续近两个月的阴雨，造成长时间积水，玉米收获延迟，许多群众淌水采收，同时，在泥水中播种小麦，严重影响小麦正常发育生长与产量。苹果产区因阴雨寡照，着色不佳，果实含糖量、硬度和储藏性明显降低，商品率仅仅达到30%，果品售价、果园效益双双下降。

二、自然灾害预防与应急处置

发生自然灾害性天气以及由此危害农业生产，造成一定损失，危及群众生命财产安全已比较常见，且呈常发、高发态势。因此，预防自然灾害，科学防灾减灾，将灾害损失降到最低，最大限度保护农业生产及群众生命财产安全，也理应成为"三农"重点工作，成为基层一线工作的重要内容之一。

坚持基本原则。自然灾害预防、减灾救灾等应急处置需要坚持"降损为本、科学防控、预案预告、协同畅通"的原则。突发性自然灾害对农业生产造成危害损失，往往是不可避免的，组织防灾、减灾、救灾的目的就是通过事先预知预防、事后补救等措施，尽最大努力将灾害损失降到最低程度，维持正常生产经营和保障供给。

坚持底线思维。对于突发性自然灾害，农业科研人员、广大基层技术人员和广大农民在长期生产实践中，已经积累了一些科学管用可操作的防控方法，需要技术部门科技人员进行科学集成，形成对应的技术方案，并根据气象预测结果给予适当修订，每次尽力提高方案与灾害预测的一致性、准确性和可操作性。做最坏情形的防控预案，做朝着最好结果的努力。如预防春季霜冻，熏烟就是一个低成本、实用管用的好方法，但是，临近山林或山区之地，为了避免引发森林火灾之患，就不能采用此种方法。过往我们只能看到科普性内容，缺少针对性和可操作性方案指导。

技术方案与行动预案需要第一时间通过行政、电视、微信等渠道广为传播，让农户熟知掌握，并准备好方案指导下的物资物品，按时间要求精准操作落实。区县各相关部门要在区县党委政府统一领导下，各司其职，协同配合，畅通信息，保障有序有力，形成工作合力。乡镇党委政府需要下沉村组，靠前指挥，组织动员群众，讲清楚方案的具体要求、操作细节；检查人员组织是否到位、物资储备是否到位。检查就是现场核实，不是只听汇报、只看书面方案，要见人见物。村组干部更需要采取网格化"人盯人"的办法，逐户落实。村级要组建一支"拉得出、用得上、靠得住"的突击队，在村党支部统一指挥下，按照预定方案推进落实，降低灾害损害损失，保障群众生命财产安全。

三、突发性公共安全事故应急处置

每年冬春两季,天干物燥,野外烧荒、上坟祭祀等引发森林火灾时有发生,给域内生态安全、域内群众生命财产安全构成很大威胁,而且一旦发生,严重破坏生态环境。关于森林防火,各地已建立起常态化网络防控管理模式,在脱贫攻坚期间,设立了护林员公益专岗,既能解决贫困劳动力就近就地就业,同时,将森林防火防控日常化。从实际成效看,仍亟待完善提高。

第一,需要开发开通微信小程序,借助网络手段进行管理。护林员日常每周上报巡山核查情况,林业主管部门及乡镇即时了解掌握各种具体状态,传达学习相关文件要求和专业防控知识。特别是每年冬春季森林火灾高发期,要积极传达学习防火应急处理预案、护林人员的每日上报巡查图文等情况、处理安全隐患事件方式方法等。

第二,进行突发灾害预案检查演练。演练是对预案进行现场检验,

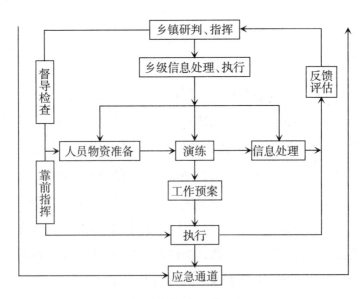

乡村应急处理管理图

检查人、物是否到位，上下信息是否畅通，是一种亲身体会。全体参练人员要做到程序清，禁忌明，信道畅。日常演练可有序训练一支平日看得出、险时冲得上的训练有素的突击抢险队伍。

第三，区县人民政府制定先进预警技术方案，配备专业人员和先进、专业的灭火装备，同时，为镇村配备相应一定量的防灾物资，以备不时之需。

四、暴雨洪灾及次生灾害应急处置

汛期可能发生突发性暴雨，由此引发洪水、洪涝、滑坡、泥石流等次生灾害，给人民群众生命财产安全造成严重威胁，是每年各地汛期最为紧迫应对的大事。

汛期防洪的首要任务就是保护人民群众生命安全。生命是宝贵的，有人就有一切，这也是"以人民为中心发展理念"的具体体现。防汛防洪事先须有科学可行预案，做到"三明确两保障""都撤谁""谁来撤""往哪撤"等三明确；做到有吃穿饮水三个保障。锁定沿河、低洼地带，滑坡体附近及由于各种原因临时居住在非安全住房的人员，特别是老年人、妇女儿童，这些都是应急撤离对象，撤离时要不落一户，不落一人；按路线事先转移到安全区，安置好转移群众吃穿、安全饮水，保暖御寒。防汛抢险重在日常演练，强化安全意识，熟悉撤离路线、撤离地点，检查防汛抢险物资储备，做到"参战"人员训练有素，保证应急绿色通道顺畅，保证撤离抢险安全有序，不发生次生伤害事故。

做好应急处置工作，必须有敬畏之心，敬畏自然、敬畏生命，始终把人民群众生命安全放在首位。要有强烈的责任担当，有科学的应急预案、训练有素的应急队伍、充足的物资储备、畅通高效的信息通道和决策机制。村干部、驻村干部身处第一线，是直接责任人，要真正负起责任，克服麻痹松懈思想，不能只是"嘴上重视"，说起来什么都懂，实际执行时啥都不会，或者只对上承诺，疏于日常演练，"战时"抓瞎一团糟。

第五章

乡村产业培育发展

第一节　因地制宜培育产业

习近平总书记指出:"产业兴旺,是解决农村一切问题的前提。"我们要深刻领会和把握习近平总书记重要讲话精神和党中央的重大决策部署,坚持把"三农"工作作为重中之重,用乡村振兴统揽新发展阶段"三农"工作,加快发展乡村产业,以产业振兴推动乡村全面振兴,努力促进农业高质高效、乡村宜居宜业、农民富裕富足。只有加快发展乡村产业,实现乡村产业振兴,才能更好地推动农业全面升级、农村全面进步、农民全面发展。

创造特色,因地制宜,明确发展什么产业;明晰路径,抓好合力,理清怎样发展产业;把握政策,锦上添花,牢牢将产业发展与国家政策有机结合等方面十分关键,需要深入思考。

一、乡村产业发展中应遵从的几个原则

不同地域的农村，其自然禀赋、文化传统、生活习惯和现实产业条件水平不尽相同，千差万别，没有统一模式，不能一刀切，需要调查摸清现有产业基础、短板弱项、市场现状和潜力，为谋划培育产业、适时调整规模、优化品种结构、调研一二三产业现状及产业链情况等打好基础，为提升产业水平做好充分准备。在谋划培育发展乡村产业中，必须尊重客观规律，尊重农民主体地位与产业发展意愿，立足产业未来发展目标要求，以对农民和历史负责的态度，实事求是，因地制宜谋划培育发展乡村产业。必须遵从以下几个原则：

一是尊重农民主体地位。在推进实施乡村振兴中，农民群众是主体。农民群众既是乡村振兴的受益主体，也是乡村振兴的建设主体。"乡村振兴为农民而兴，乡村建设为农民而建。"只有把农民群众的主动性、积极性调动起来了，才能为乡村振兴提供强大力量、注入强大活力。农民主体，就是要充分尊重农民意愿，调动农民积极性、主动性、创造性，充分发挥农民作用，让农民群众广泛参与到乡村振兴中来。要坚持以农民为本，把维护农民群众根本利益、促进农民共同富裕作为乡村振兴工作的出发点和落脚点，把农民对美好生活的向往转化为推动乡村振兴的原动力，充分尊重农民选择，多采用引导、示范、扶持的方法凝聚农民群众的力量，切忌简单代替农民选择，防止乡村振兴重物不重人、见物不见人的偏向。

现在农村以生于 20 世纪五六十年代的农民为生产经营主体，以从事种植、养殖为主要产业，尽管产业规模不大，却维系着每个家庭的生计，对一个家庭十分重要。这些生产经营项目均是农民自主选择的，有一定生产经验，他们比较上心，很是投入，符合家庭实际。因此，在谋划培育乡村产业中，要充分尊重农民的自主选择，如果采取行政化手段

推动全新产业，有违农民意愿，势必带来负面消极情绪，造成产业发展中的"人为阻力"，在某种程度上对原有产业也是一种破坏，影响农民生产生活，给乡村治理造成困难，给社会安全稳定带来风险。推动乡村振兴，要把政府主导和农民主体有机统一起来，把两个方面的作用都充分发挥好，注意防止政府缺位和政府越位代替农民的偏向。

二是政府主导谋划县域产业，不简单替代农民。按照2018年中央一号文件的要求，各级党委和政府要加强对乡村振兴工作的领导，把实施乡村振兴战略摆在优先位置，建立实施乡村振兴战略领导责任制；五级书记抓乡村振兴，党政一把手是第一责任人，县委书记要当好乡村振兴"一线总指挥"；要研究建立市县党政领导班子和领导干部推进乡村振兴战略的实绩考核制度，将考核结果作为选拔任用领导干部的重要依据；各部门要按照职责，加强工作指导，强化资源要素支持和制度供给，做好协同配合，形成乡村振兴工作合力。

政府主导，就是要做好乡村振兴总体规划，提出乡村振兴任务，明确乡村振兴目标和要求，制定具体政策措施，发动和组织各方面力量开展工作，引导乡村振兴沿着正确方向发展。现实中，常常出现政府简单代替农民选择发展产业项目，行政手段推动，有悖农民意愿，农民参与积极性不高，管理技术不得要领，效益欠佳。有些项目选择是简单比照移植的，对产业项目所需的自然条件、生产技术和市场要求，缺乏科学论证，没有走试验示范推广的科学路子，急于求成，一哄而上，结果昙花一现，不仅影响农民收益，而且影响政府公信力。政府主导谋划产业重在现有农业产业改造转型升级，为农民提高社会化服务，引进发展新产业、新业态以及一二三产业融合发展，将农民吸纳到产业中来，参与到产业上来，黏合好产业发展与农民利益关联度，让农民从产业振兴发展中获得实实在在的利益。

三是推动规模化经营时，不能忽视小微农业。乡村振兴的首要目标是产业兴旺。广大农村千差万别,琐碎复杂,发展产业是解决一切问题的根本前提。产业发展的未来目标就是高质量发展的农业现代化,包含机械化、科技化、数字化和规模化。需要整合土地、资金、技术、市场、人力资源等要素,实施规模化生产经营,追求规模化效益,是乡村产业发展的方向和着力点。那么,新的经营主体构建成为关键。但是,我们必须清醒地知道,现代农业不是简单地把大批小农户消灭掉,把土地集中到少数人手中。如果这样,生产规模化了,生产效率提高了,但使得农民被迫离开土地,他们的生存、发展又要靠什么?经营主体是载体,规模经营主体和小微农业经营主体,都是乡村振兴的重要载体,都是推动乡村振兴的重要力量。"大国小农"是国情。乡村振兴在扶持政策上要覆盖各类经营主体,防止向规模经营主体过度倾斜和忽视小农户的偏向,防止过度追求规模化、现代化,富了老板,穷了老乡。

乡村振兴不能忽视了普通农户。要看到的是,经营自家承包耕地的普通农户毕竟仍占较大部分,这个情况在今后一个时期内难以根本改变。还要看到,有不少地方的农户,因自然条件限制,生产活动即便只能解决自身温饱问题,那也是对国家做出的贡献。所以,要统筹兼顾,培育新型经营主体和扶持小农户,不能嫌弃小农户。需要采取有针对性的措施,帮助小农户发展生产和增加收入,着力扶持小农户发展生态农业、设施农业、体验农业、定制农业,发展多样化的联合与合作,提升小农户组织化程度;注重发挥新型农业经营主体的带动作用,提高社会化服务水平,开展农超对接、农社对接,帮助小农户对接市场;改善小农户生产设施条件,提升小农户抗风险能力,把小农户生产引入现代农业发展轨道,促进小农户和现代农业发展有机衔接,让乡村振兴政策的阳光和雨露惠及广大小农户。

二、谋划发展乡村产业中应处理好的几个关系

一是处理好传统产业转型升级与谋划新产业的关系。传统产业是千百年自然选择的结果，与自然条件相互适应，独具地域特色，农民在生产实践中积累掌握了生长习性和管理技术方法，积累了丰富的生产经验。现实中因劳动力大量外出，生产者年龄老化而无力继续更好生产经营，导致产业效益下滑。或因为生产管理中出现短板，管理技术跟不上高效生产要求，导致产业萎缩不振，也就是人们常说的人老、品种老、产业老等"三老"。但这些产业仍是农民经营的主要产业，是地方特色产业，提供了优质特色农产品，具有较高的市场知名度、影响力，是乡村振兴中因地制宜谋划产业的导引方向，切忌人为割裂本地产业历史。要在乡村振兴中予以重视，研判补足管理技术短板弱项，改造转型升级，适度规模生产，搭建市场营销宣传平台，拓宽市场销售渠道，培育延长产业链，增强规模效益。

乡村振兴农业产业谋划重在发挥资源优势、区位优势，走农民广泛参与、惠及百姓的绿色生态农业之路。要大力发展现代技术引领、技术装备、数字化运营管理的加工业、制造业、服务业，突出特色，促进一二三产业融合发展，高质量运行，创造更多就业岗位，促进就业，达到乡村产业与就业紧密结合，相互促进。2021年，富平县引进一家大型制鞋企业落户，设备精良，管理先进，可为当地提供上百个就业岗位，带动县域经济快速发展。由此可见，易地搬迁安置居多的县区，谋划一批可落户的中小制造企业，既可带动发展地方经济，又可以提供就业岗位，促进搬迁群众就近就业，从而实现"搬得出、稳得住、逐步能致富"。这是巩固拓展脱贫攻坚成果与乡村振兴有效衔接中必要而紧急的重要任务。

二是处理好产业发展与生态保护的关系，走绿色循环发展之路。乡

村振兴中，生态宜居是关键。良好的生态环境是农村最大的优势和宝贵财富，也是农村产业发展和农民生活提高的重要基础。乡村振兴在产业发展上要科学规划，突出绿色发展，走人与自然和谐之路，不能搞大干快，不能因发展产业而使农村生态环境遭到破坏。历史上曾经出现过的毁林开荒、毁草开荒、围湖种田、砍树炼钢，以及推山建厂、填湖建房、耕地种树和挖鱼塘等，都是因盲目发展产业而破坏生态的行为。其中的深刻教训，需要认真汲取。

乡村振兴产业谋划发展中，要坚持"绿水青山就是金山银山"的发展理念，守住生态保护和耕地红线，坚决筑牢粮食安全底线。遵循科学发展观，坚持为民理念，发展为了人民，保护人与自然和谐也是为了人民。要摒弃"高大上"的产业发展观和急功近利的政绩观。在产业项目选择上，要充分科学论证，依法规划，不盲目追求短期项目数量，而要追求项目质量，不过分重于经济效益，而要兼顾生态社会效益。乡村产业项目的选择实施，促进区域经济社会发展，惠及百姓，利在当代，功在千秋，要经得起人民和历史的检验。

微观层面上，要教育引导农民科学种田，大力普及生产管理实用技术，培育新型农民。要重视改土，培肥地力，提高耕地质量与效益，走可持续绿色发展之路，提高农产品质量安全。将面源畜禽粪便、秸秆杂草就地进行无害化处理还田，增加土壤有机质，改良土壤，培肥地力，逐步改善土壤结构，消除土壤板结和盐渍化，减少病虫害发生，降低农药化肥使用，切实做到"药肥双减"，提高产品安全，在产业发展中保护生态环境，推进绿色循环发展，生产绿色营养农产品，夯实基础。

三是处理好传统手工特色产业传承与发展的关系。人们往往对诸如北京烤鸭、河北火烧、陕西凉皮、新疆馕等传统特色饮食情有独钟，对诸如木刻雕花、刺绣、剪纸、泥塑等传统工艺品爱不释手，因为这些传统特色及手工产品已传承延续了百年乃至数百年，久负盛名，具有独特的工艺，凝结着民族智慧，承载着中华民族的文化记忆。

在新发展阶段，要处理好传统手工特色产业与现代产业谋划发展之间的关系，就必须处理好这部分传统手工艺产业传承赓续与现代产业技术手段、营销方式相融合的关系。既要挖掘传统手工特色产业的工艺技术，又要担当起保护好、传承好这部分产业的历史责任。挖掘、传承的目的在于继续发挥其独特价值，继续造福人类。因此，应在尊重保护传统工艺的前提下，给予传承保护发展资金、物力、人力等特殊政策支持，在传承中发展，在发展中传承。可植入现代自动化技术替代部分人工操作，提高工作效率，扩大市场规模，借用现代互联网营销手段，拓宽销售渠道，促进扩大再生产，占有更大市场份额，更广泛地服务大众，取得更高的经济社会效益，惠及百姓。

案例十

千万身价苹果新品种
+家庭农场模式带农走上致富路

看到我的朋友刘镇先生以1100万元的天价，独家买断苹果新品种瑞香红的生产经营权，我对他的敏锐眼光和魄力深感敬佩，说句实话，更为他捏了一把汗。

我不由想起刘镇这几年所走的更大规模的农业道路：告诉农民种什么赚钱——新品种，告诉农民怎么干赚钱——新技术，然后再帮农民卖出去——新营销，从而解决"农民怎么办"和"企业如何生存"的双重问题。

带着疑惑与好奇，2019年秋季第一次踏进富平县薛镇任斌龙的果园，我一下子被眼前一行行挂满枝头红彤彤的苹果震撼了。当时，苹果脱袋三天，全部上色全红，树叶翠绿，在微风中摇曳，美不胜收。

2020年秋季，我第二次来到这里，尽管已有两个月的阴雨天气，这里依然是果满枝头，红艳艳的，使人满心欢喜。

"'瑞香红'是西北农林科技大学赵正阳教授团队历经20年培育出来的苹果新品种，我在这个园子接了60亩'瑞香红'，今年亩产可达6000斤，去年一斤6.5元，今年8.5元一斤，被客商抢购一空！"园主任斌龙说。"这个园子共有120亩，毁掉了原来的老品种，换成'瑞香红''瑞雪'两个新品种。第六年了，今年可收入200万，可以收回总成本了！"交流中了解到，任斌龙原来是一位扶贫干部，退休后，和爱人、自己3个兄弟搞起这个果园，平常就他们5个人，是一个典型的家庭农场。果园采用矮化密植栽培模式，有滴灌、喷雾，采用水肥一体化和机械化。常年要大量雇工疏花疏果、施肥喷药、采果装运，全年支出劳务费用达27万余元。

因为同是"扶贫战友"，自然聊起脱贫群众发展产业、持续增收的问题。他说："在富平农民的收入中，外出打工的收入占第一位，其次是经济作物的收入。但能进城打工的毕竟是少数，尤其是上了年纪的、60岁以上的这部分人，他们不可能像年轻人一样进城打工，这些人留在农村干啥？就是在土地上做些文章。过去我们这里也有石材厂、水泥厂、白灰厂之类的小工厂，但是随着环保政策的加强，这些厂子已经基本上被拆光了。""农民还有啥办法呢？"我问道。"富平帮助贫困户发展产业，除了种植柿子和苹果等经济作物外，也鼓励他们养奶山羊。"任斌龙算了一笔账："因为养羊的成本很低，一年一头羊的收入在2000~3000元。羊奶价格也大起大落，现在羊奶价1公斤3元左右，曾经达到过1公斤8~10元，这样一年一头羊算上羊奶的收入就达到4000多元。你养三四头羊，一年的家庭开支就差不多了。"

"像贫困户，你让他们种'瑞香红''瑞雪'这些新品种，他们会种吗？"我问这个问题时，内心早已给出否定的答案，因为即便占着红利期,任斌龙依然用了6年时间才收回成本。这对普通农户来说是难以接受的。"他们没有持续投资的能力。"任斌龙摇了摇头,接着说道:"最后没办法,就让能人带动。比如我弄了120亩苹果园,需要劳动力,就让贫困户到园子里打工。我们这一片已经陆续建起近10个规模果园,将提供更多务工岗位,吸纳更多群众到这里务工。"

富平兰山村杨稳才栽植"瑞香红"200亩,常年有20多位周边农民在果园务工,年收入5万余元。他们掌握技术,个人收益早已与果园融为一体,共同致富,成为巩固拓展脱贫成果,培育发展产业的新模式。

能人带动、企业助力不失为帮助群众增收致富的好路子!新品种推动家庭农场发展,企业统一市场营销帮助产业持续发展,让苹果这一劳动密集型产业激发出更多家庭农场,带动更多本地群众就近就地务工,持续增加收入,走上共同富裕之路。

第二节 构建新型经营主体

规模经营是实现农业现代化的有效途径,是增加农民收入、提高农业竞争力的有效途径,是推动乡村振兴的有效方式。构建新型经营主体成为规模经营的重要载体,是探索推进实现农业现代化的主要方面。要通过示范,引导农民在自愿前提下,开办家庭农场,参与农民专业合作社、专业大户、互助合作经营、产业化龙头企业、农业社会化服务组织等新型经营主体。这些新型经营主体是建设发展现代农业的新生力量,要给予鼓励发展、大力扶持,发挥其在现代农业建设中的引领作用。

一、扶持户产业持续健康发展是构建新型经营主体的基础

　　农户现有产业维系着农户的基本生活，一般规模较小，家庭式生产经营，普遍存在生产管理技术相对落后、再投入资金不足、劳动力缺乏、市场信息闭塞、销售渠道单一、抗风险能力较弱等诸多短板弱项。如家庭式生猪生产，一般农户养殖十多头、几十头，如果再投入扩大生产，则无场地、缺劳力、少资金、怕风险。销售通常以买主上门收购为主，生产不成规模，每次收购或长年供给量有限，农户对售价没有话语权，只要保本有余即可出售；当市场出现变化，价格下滑，"差不多就行""见好就收"。近几年，受政策、市场供给变化等因素影响，生猪市场售价波动较大，出现很大风险。我们在黄山村给予养猪户奖励扶持资助，鼓励自主繁育，降低生产成本。同时加强防疫，对接学校学生食堂采购销售，取得较好成效。再如陕北苹果产区，农户平均生产经营 8 亩果园，品种老化，树龄大，劳力不足，劳动力成本居高，机械化程度较低，产量品质较差，病虫害较多，在不计劳动力成本的情况下，效益保平或略有盈余已是好果园。针对这种情况，通过示范推广以增施有机肥、微生物菌剂、矿质肥为主的"四肥一调理"平衡施肥技术，改良土壤，减少病虫害发生，降低化肥农药使用率。同时推广使用开沟施肥机、注肥枪、迷雾机等小型适用机械，提高劳动效率，形成了省力化管理模式，不仅降低了生产成本，而且稳产优质，果园效益明显提高。部分果农在此基础上，逐步更换品种，选择新优特品种，如陕西自主选育的"瑞雪""瑞阳""瑞香红"等苹果新品种，并采用矮砧密植技术，部分农户果园效益成倍增加，亩产值可达 4 万余元。现代果业发展中，涌现出一批如木美土里生态农业等全程提供种苗、技术服务、生物技术、社会化精准化服务的企业，统一平台销售，紧密与农户帮带合作利益机制，共同参与，共同成长。木美土里企业集团已连续组织举办

五届全国好果品大赛，开拓果品销售渠道，努力实现产销对接，使"务好果，卖好价"理念深入人心，变为现实。

实践证明，立足农民现有产业，着力从技术、植保、销售、机械、管理等方面查找短板弱项，给予切实扶助解决，就能够促进农户产业走向良性发展，增强产业信心，为扩大再生产奠定坚实的基础。同时，也发挥着示范引领作用，促使人才、资金、技术等资源回乡，共同参与乡村产业发展，形成乡村振兴合力，逐步将小农产业发展带上现代农业发展之路。

二、扶持自主发展，培植家庭农场、专业大户

家庭农场、专业大户是新型经营主体类别之一，需要在实践中发掘培育。家庭农场、专业大户有自主经营基础，立足于本乡本土发展，选择经营的项目是经过实践验证可行可为的，也在过往生产实践中积累了较为丰富的生产管理经验。只要协调解决资金融通，在平等互利基础上协调解决土地场地、疏通拓展销售渠道等方面给予扶持，就可以培育其成为具有带动示范效果的家庭农场、专业大户新型经营主体，达到规模经营，实现规模效益。

但推进农业规模经营不能操之过急，不能脱离人多地少的基本乡情村情，要顺势而为，不要揠苗助长。要把握好土地经营权流转、集中和规模经营的度，土地经营权流转要与农村劳动力转移规模相适应、与农业科技进步和生产手段改进程度相适应、与农业社会化服务水平提高相适应，不能片面追求快和大，不能单纯为了追求土地经营规模，强制农民流转土地，更不能人为垒大户。特别要注意的是，土地租赁承包、土地流转必须以土地使用权属者自愿为前提，充分合理地保障他们的合法权益，维护双方合法权益，保障家庭农场、专业大户合法顺畅经营。

乡村党委政府应主动发掘，重点扶持培育，依法依规监管，保障其

良性健康运行，示范带动乡村产业发展。村级党组织要主动协调推进，努力将人户分离撂荒闲置的土地，在尊重农户意愿的前提下，以合理的价格、合理的方式纳入，保证土地不撂荒闲置，农户有收益。鼓励村民积极参与，从土地、劳务、产业分红等多方面受益。营造良好的生产营销环境，维护生产经营秩序，保证正常健康经营，实现双赢多赢。驻村第一书记、工作队要充分发挥对外联系广泛等资源优势，多在技术支持、筹资融资、销售渠道拓展、互联网销售等方面给予支持帮扶，合力推动产业发展。

三、规范引导专业合作社依法务实健康运行

农民专业合作社是将一个区域内从事同一产业的生产户，在自愿前提下，集中组织起来，按照约定章程运作，提高技术管理水平、产品产量质量，形成一定规模，统一品牌市场营销，增加市场话语权和抗风险能力。多年以来，农民专业合作社注册成立颇多，但真正规范运行者很少。有些专业合作社成立本身就另有目的，或在套取国家相关项目资金，没有想真正运作；有些随意拉了几个发起人用于注册，除自己外，其他成员根本不清楚干什么，自然也就没有实质性参与其中。有少数合作社是按照《中华人民共和国农民专业合作社法》成立注册的，每个成员实际入股，严格按照合作社章程运行，发挥着带动农户发展产业的作用。

地方政府要严格审查核准农民专业合作社注册成立，不仅是资料性的形式审核，关键要审核发起人、社员投资入股的真实性，这是该合作社后期能否真正运行的核心所在。因为，只有发起人、社员有真金白银的实际投入，有投入，就有了利益契约关系，成为利益命运共同体，就会人人参与、个个关心，真正发挥合作社优势，带领社员谋产业，求发展。县区农业、科技部门要多给予技术、业务指导支持。对于运行规范、带动致富成效显著、有一定社会影响的合作社，要给予多方面帮扶

奖励，促进其健康持续发展。市场管理部门需要做好服务，更要严格市场监管，不能放任不管。

镇村要关心支持本域专业合作社的发展，深入了解其运营状况，多做解决"急难愁盼"的实事。更重要的是要在合作社建立党小组，发挥纽带作用，将党组织堡垒作用延伸至新型经济组织，共同推进产业发展、乡村治理和乡风文明，实现共同富裕富足。要注重在合作社中考察选择培养年轻党员，为村级党组织培养"有情怀，懂经营，善管理"的新生后备力量，不断建强基层组织阵地。

四、立足实际，创造条件，引进现代农业企业

现代农业企业是乡村振兴中重要的新型经营主体。现代农业企业具有先进的技术体系、完善的标准体系、先进的管理人才队伍及资本和市场优势，有整合资源的能力，用先进理念引领发展，装备农业产业，以先进技术促进生产，延长产业链，增加附加值，带动培育新型职业农民，朝着农业现代化迈进。

从职权范畴思维来认知，选择引进现代农业企业属于区县党委政府的职责，涉及镇村只是配合项目推进。从过往现实情况看，引进此类企业需要运用底线思维考察论证，进行实际评估。有些县区引进的涉农企业，只是在圈地套项目，承诺较多，实际兑现较少。企业发展与当地农民的利益、农业升级发展关联度不高，因而存续时间不长，进而不了了之，这样的事情屡见不鲜。涉农企业引进门槛设置、带动区域现代农业预期效果和农民深入参与、产业增效、农民增收等应成为重要考量。涉农企业落地实施，涉及村党支部要积极配合，尊重农民意愿，回应农民合理诉求，在充分保障农民切身利益的基础上，创造必要条件，协助推动落地运行。切忌为一己之私或小团体利益而弃农民利益于不顾，更不可损害、克扣农民利益。否则，都会涉嫌违规违纪违法行为，即使取得

一时之功，也会隐藏祸患，势必影响企业正常运行。当然，对于极个别农民不合理的诉求或其他过激言行，应动之以情，晓之以理，最大限度争取农民的支持。当合作项目合理合法落地生效后，要引导村民积极参与，抓住培育新型职业农民的难得机遇，就地就近就业，在实践中学习先进技术、管理方法与经验，培养本土农业技术、管理人才。

任何事物的发展从来不是一帆风顺的，矛盾时时处处都有。当企业与农民发生利益冲突时，村党支部要出面协调，深入调查事情的缘由，根据事实的是非曲直，依据合同条款，做出实事求是的判断。并如实向上级汇报，全力依据合同约定坚决维护农民利益，维护企业正常合法经营和合法利益。切忌为一己之私或团体私利，损害农民利益，也不可当"地头蛇"，干扰企业正常经营，坑害企业利益。对于企业带动农民以户为单位协助生产的，村支部要教育引导参与农户严格生产标准，严格生产投入品施用，确保质量安全。要协助企业监督管理，使企业健康持续运转，带动村经济发展，带动农民致富。

五、构建社会化服务组织，服务小微产业发展

以小农户生产为主的小微产业将会长期存在。在小微产业发展中，存在技术弱、投入品乱、市场信息不对称、机械化程度低、有产品缺商品、销售渠道手段单一、收益偏低不稳定等单一农户自己无法解决的短板弱项，这些短板弱项一直严重制约生产效率和生产效益，严重阻碍农业规模化经营和农业现代化进程。破解这些困难问题，亟须农业社会化服务。构建社会化服务组织新型主体已成为客观必然要求。

镇村党组织应审时度势，引导扶持本土技术人才、产业能手等筹建社会化服务组织，或作为村集体经济组织进行正规化、常态化有偿服务，可从以下几个方面着手推进：

1. 技术培训、指导服务

收集整理主要种植、养殖技术要点，在农闲时集中进行技术培训，生产季节巡回指导，及时解决生产过程中农户遇到的技术难题，也可以建立纯粹的技术群，小农户可以第一时间反馈技术问题，社会化服务组织第一时间予以解答，给出解决技术方案。也可以就常规技术问题事先通过"明白纸""技术管理月历"等形式告知农户，指导生产。特别要关注当地当年的气候变化，因应气候变化做出科学实际的技术指导，防患于未然。如广大果区在每年春季都为春季低温霜冻防控犯愁，社会化服务组织要密切关注气候变化，科学预测发生低温霜冻的概率，及时制定适应本地区实际的可操作的技术方案，提前预告，指导防控，将低温霜冻可能造成的损失降到最低。

2. 农业投入品配送服务

农业投入品是农业技术载体，技术方案下的投入品配套实施，才能将技术落到实处，才可以取得实效。消费者反映现在的瓜菜没有儿时的味道，多数原因出自农业生产中投入品施用不规范，表现在化肥和化学农药投入施用过多，造成农产品的安全性令人担忧。因此，在社会化服务中，必须遵循"化肥化学农药"双减零增长要求，把牢投入品质量数量，规范投入施用，生产绿色安全营养的农产品。引导农户走质量效益型路子。在社会化服务中，推进实施"统一技术、统一投入品、统一管理、统一采收、统一销售"标准，提高产业效能，这是社会化服务组织的重要职责。

山区耕种面积较小，应率先引进使用如割草机、除草机等小型机械，提高生产效率，降低生产成本，增加农户生产经营效益。对于已有规模特色产业的乡村，根据农户的实际需要，可进一步深化服务项目，拓展服务项目范围，探索全程技术托管或全部托管，股份化深度合作，促进特色产业提档升级，走上集约化、规模化、机械化的道路，逐步迈进农业现代化。

3. 拓展营销渠道，以销促产，打造特色农产品品牌

小农户在生产经营中，销路单一狭窄始终是自身难以化解的难题之一。应构建专业的营销社会化服务组织，整合资源优势，集中对外宣传，采取"订单式生产销售""农超对接"、互联网销售等有效形式，拓展营销渠道，树立市场品牌，以销促产，产销融合，带动区域双流通。特别是对于不可复制的地方特色粮食经济作物、特色园艺产品、特色畜产品、特色水产品、特色林产品等应予以重点扶持推进，如陕北苹果、商洛核桃、大荔冬枣、富平奶山羊、眉县猕猴桃、紫阳富硒茶、商洛香菇、韩城花椒、榆林马铃薯、铜川樱桃等国家认定的特色农畜产品。这些优质特色农产品区域，更应严格把控生产技术，保证产品质量，着力拓展营销市场，特别是高端市场，通过集中统一质量标准、统一宣传、规范产品包装，打造特色产品市场品牌，增加品牌价值。

社会化服务组织经营主体要牢固树立质量意识、品牌意识、诚信意识，严格标准，规范操作，公平交易，绝不欺行霸市，维护市场秩序，做诚信经营的模范。要引导农户规范生产，注重质量，绝不以次充好，欺瞒客户，共同打造市场品牌。

镇村党组织要做好对社会化服务组织的监管，政府相关管理部门要切实负起责任，既要正面规范引导，更要严厉打击违规毁约、恶意扰乱市场秩序的不法行为。各驻村帮扶单位应积极发挥对外联系广泛的资源优势，主动对外宣传，对接采购，帮助拓宽销售渠道，特别是当市场销售遇到困难时，应及时伸出援手，协调帮助销售，共渡时艰。要发挥技术、人才优势，帮助建立优质特色农产品质量溯源体系，促进品牌建设，强化品牌意识，推动"品牌兴农""品牌富农"，帮助优化品牌发展环境，加强对产业的保护，促进品牌形成强大影响力和带动力。

4. 主动对接，打通电商物流服务"最后一公里"

2021年7月30日召开的中共中央政治局会议，在分析研究当前经济形势和经济工作时强调,要挖掘国内市场潜力,加快贯通乡村电子商务体系和快递物流配送体系。这是我国经济发展进入新常态以来工业品下乡和农产品进城的难得历史机遇。

近年来,农村电子商务已取得长足发展,农村居民消费的多样性、便利性和安全性不断提升。但是,在偏远农村存在交通运输延伸不足、成本较高,网络覆盖不够,通信基站较少或没有涉及等问题,制约农村电子商务与快递物流发展。相信随着乡村振兴公共基础设施的不断完善,乡村电子商务与快递物流将得到快速发展,工业品下乡与农产品进城循环将更加畅通便利,成为乡村振兴新引擎。

电子商务与快递物流在各地农村发展不尽平衡,在基础条件好、几近普及的农村,要以规范提升为主;对于相对落后的乡村,地方政府要完善公共基础设施,有计划地扶持电子商务、快递物流业务开展,制定出台扶持政策,组织业务技能培训,建树一批典型,推进电商快递物流快速发展,彻底打通"最后一公里"。村级党组织要引导社会化服务组织积极开展电子商务、快递物流业务,为农村居民提供生活必需品、农业投入品、机械农具等便利化服务。同时,整合本地农产品资源,严把质量关,合理包装,通过电商平台宣传推荐、网购快递营销,拓展优质农产品营销渠道,促进农产品标准化生产。

对于许多乡村而言,享受网购快递服务者较多,从事电子商务业务者较少,人们比较陌生,需要积极组织业务培训,使乡村人员了解掌握基本知识技能、操作规范、具体流程。此项业务的开展,需要专业技能,对于现有乡村人员而言,普遍是短板,需要招揽有志于此的年轻人,组建团队,规范运营。地方政府应给予政策扶持,吸引本地受过相关专业教育的有志青年返乡创业。驻村帮扶单位要发挥优势,开展技能培训,投入部分资金、人力。村组提供适合场地,以网销当地优质农产品为主,示范运营,干中学、学中干,通过实践培养本地电子商务人才，拓展电商业务，促进区域特色产业可持续发展。

案例十一

木美土里生态农业有限公司带农富农赋能新路子

木美土里·千湖林海项目计划投资2.2亿元，在宝鸡市千阳县城关镇千川村、南寨镇小寨村、龙泉寺村、新西村流转5000余亩土地，由河北木美土里生态农业有限公司与贫困村联合建设集新品种引进、新技术示范、新农民培育、新文化展示、村企互助、农旅结合、创意农业、农耕文化于一体的综合农业示范园。2019年至2020年，木美土里生态农业有限公司共实施扶贫项目6个，使用扶贫资金2734万元；共带动千川村和小寨村建设苹果园496亩、樱桃园2000亩、苗圃71亩，累计带动贫困户1262户。

园区分四个板块，其中第一个板块是高端水果种植区，建设有机樱桃采摘园2000亩、有机苹果示范园1500亩；第二个板块是设施栽培区，建设高端水果设施大棚200亩；第三个板块是苗木繁育区，建设新品种葡萄、樱桃、苹果苗木基地500亩和不同品种的景观苗木基地500亩；第四个板块是农耕文化区，建设农耕未来馆，展示5000年农耕文明的发展历史、发展现状和现代农业的发展方向，建设梦想乡居，打造休闲观光度假区。

园区有四个特点：一是引进新品种。选用日本顶级的爱文芒果、阳光玫瑰葡萄、不知火橘子进行大棚栽植，引进日本最优质的"布鲁克斯""美早"等樱桃新品种，选用目前最优质、最适合千阳生长的"维纳斯黄金""瑞香红""瑞阳""秦韵"等苹果新品种。通过不断试验、示范，培育出适宜本地生长的早、中、晚熟品种，并向全国各地进行推广。二是推广新技术。按照高技术引领、高标准建园、高效益经营的思路，引进世界一流的栽培技术。葡萄、橘子种植采用国际先进的限根栽培技术，采用自然农法，精准水肥供给，施用有机肥提高土壤有机质含量，改变土壤的酸碱度，改善土壤结构，打造果树最佳生长环境，力争把千阳县打造为陕西省乃至全国的高端水果种植和推广示范基地。三是培育新农民。按照"龙头企业+合作社+贫困户"的村企互助发展模式，吸纳贫困户和务工返乡人员入园务工学艺，致力于培养新农民，培养乡村人才，留住乡土人才，鼓励乡土人才承包设施大棚或果园，培养一支永远不走的"千阳师傅"队伍，打造成新时代新农民，向全国果业生产地区输出技术人才。四是展示新文化。建设农耕未来馆，将中国农耕、特色产业、乡村旅游、青山绿水等深度融合，打造集文化展示、乡土观光、乡野休闲、乡俗体验、乡居度假为一体的特色农业型田园乡村，使千阳的发展再次焕发活力。

精准扶贫工作开展以来，在"政府主导、社会参与、市场运作、多方共赢"的思路指导下，公司以"龙头企业+合作社+职业农民+贫困户"的三产融合搭载式产业扶贫模式，带动当地农民增收致富。

一是土地流转，增加财产性收入。公司以每亩300～800元不等的价格在南寨镇小寨村、新西村、龙泉寺村及城关镇千川村，流转群众土地2593.41亩，增加贫困户财产性收入。

二是园区务工，增加工资性收入。园区每年可为周边群众提供就业岗位100余个，每人月收入2000元以上，其中贫困户50人，强化贫困户工资性收入。

三是留住人、可致富。公司以比外出打工高的工资吸引了30多位千阳当地45岁以下外出打工的青壮年劳力回乡在园区学习技术，为千阳培养乡村振兴新农民、新人才。

四是资金入股，增加转移性收入。公司以入股分红的方式对南寨镇小寨村、城关镇千川村1262户贫困户进行搭载式产业扶贫，贫困户以资金入股园区，公司每年对贫困户进行一定比例的分红，贫困户年收益总计159.42万元，增加贫困户转移性收入。

目前，公司继续沿着产业带农帮农富农的成功之路，扩大投入，盘活扶贫产业资源，巩固拓展脱贫攻坚成果，奋力绘就乡村产业振兴蓝图。

第三节　引育乡村人才振兴

乡村振兴关键在人才振兴。事在人谋，事在人干，干则进，进则成。乡村振兴战略实施关键在于引育造就一批爱农村、爱农民、懂农业、会管理、善经营的人才队伍。区县党委政府应着眼乡村振兴战略，以更高的政治站位、更大的魄力与勇气、更加务实的举措，破除制度藩篱，扫除障碍，畅通渠道，构建乡村振兴人才队伍。

一、培训赋能，实践锤炼一支基层一线干部队伍

实施乡村振兴战略是新时代做好"三农"工作的总抓手，是"三农"工作的历史性转移，是重大历史任务。"政治路线确定之后，干部就是决定因素。"农业强不强、农村美不美、农民富不富的关键在于有没有一支政治坚定、训练有素、作风优良、能打硬仗、苦干实干的干部队伍。对基层干部培训赋能，强化作风建设，实践中锤炼锻造，尤为重要而紧迫。

乡村干部身处乡村振兴第一线，是党的"三农"工作路线方针政策的执行者，承担着各项任务实施的"最后一公里"，决定着"三农"工作落地的成效。乡村基层干部身处农村，对农村比较了解，有"三农"

情结，具备一定农村工作经验，经过精准扶贫、脱贫攻坚战洗礼，为民情怀更深，为民服务经验方法更多。但是，面对乡村振兴新课题、新任务、新要求，仍有这样那样的短板弱项，需要按照乡村振兴任务要求进行培训提高，主要从以下几个方面抓实抓好：

第一，精准领悟乡村振兴目标任务与要求，深悟为什么乡村振兴、乡村振兴干什么、怎么干三个重大问题。

第二，调研自然土壤基础状况、气候条件、地方特色优势、产业短板弱项。

第三，如何发挥优势，创造条件，对接落实政策，找到推进实施乡村振兴的突破点、着力点。

第四，结合本镇本村实际制定具体可行的工作方案，推动有效管用、可操作实施的方案方法。

第五，调查农业产业现状，研究制定补短强弱的思路与具体措施，发展农村经济。

第六，查找自身在领会政策、产业发展、乡村治理、乡村文明建设等方面存在的知识、技能差距等。

问题就是导向，补足短板，就是进步。可采取培训方式将应知应会的政策、任务、要求和基本方法灌输给基层干部，被动式学习提高。培训可采取就地集中培训方式，也可以采取"点餐制""分餐制"相结合的方式，针对不同类别需求量身定制培训，实行个性化培训，提高培训的精准化、专一化水平。也可以采取调研讨论交流方式，针对某一问题，结合实际具体分析，讨论交流，进行思想碰撞，集思广益，理清思路，研拟具体的、可操作的方案办法，并在推进实施中强化督导。这样，有学习有思考，有认知有提高，更有分析思考实际工作的思路方法，将学习、思考、实践有机结合起来，有益更快更好培养锤炼与乡村振兴要求相适应的基层干部队伍。在培训学习、实践锤炼中提高干部的思想政治素质，树立严实精准全面的工作作风，赋能提升为民服务本领。

可以说提高基层干部队伍的素质和能力，就抓住了乡村振兴的"关键少数"，抓住了农村工作的"根本"，必将有效促进乡村振兴的稳步推进和有效实施。

二、挖掘本土人才，引育回乡返乡人才，夯实乡村人才振兴之基

乡村振兴可用、有用的人才首先藏于本地本村，要着眼于把握推进乡村振兴历史发展机遇，就地挖掘发现人才，就地取材，大力挖掘乡村各类"能工巧匠""田秀才""土专家"，主动走访交流，增进了解，加深感情，用情凝聚人才。建立乡土人才库，实施统一管理使用。创新培育机制，用政策激励引导乡土人才在特色农产品生产、销售、传统工艺传承、电子商务、乡村旅游等诸多产业发展舞台上大显身手。设立专项资金，扶持领办企业、传统工艺特色作坊，组建社会化服务新型经营主体，发挥"火车头"带动效能，也就是筑巢引凤，发挥能人的头雁带动作用。

以制定实施产业发展优惠政策为抓手，引导相关人才返乡回乡，投身产业振兴实践，在市场洗礼中成长，实现乡村产业振兴。按照区县政府编制的适合回乡返乡投资创业与产业建设的可行项目，公开公示，招揽良才，也可以采取"走出去""请进来"的方式吸引人才下乡，用乡愁乡情做纽带，靠感情留住人才，通过培优树典，营造尊重人才的良好范围。改善工作环境、人居环境，营造良好经营环境，做人才下乡创业建设的"勤务员""保安员"，让他们感受到回家般的真情、热情。创造优惠条件，出台相应专门政策主动招揽吸引本地涉农、电子商务、物流等专业的大学生回乡就业创业，既解决他们的就业创业难题，又能使其学以致用，回报家乡建设。

做好引智工作，主推乡村产业提档升级，在服务产业升级实践中培育锻炼本土人才。西安市长安区依托驻区高校资源优势，从陕西师范大学、西北大学等高校选聘20名专家教授牵头组建了14个乡村振兴顾问团，科学指导，精准对接产业发展、农产品深加工、电子商务等，推动科研成果就地转化，打造特色产业，在实践中锻炼培育本土人才。创新乡村人才培育机制，培养新型职业农民。根据实际需要，采取请进来订单式培养模式，分类别组织培养培训。陕西千阳县依托西北农林科技大学的技术、人才优势，建立苹果研究院、田间大学，培训指导苹果产业发展，就地培养本土职业技术农民，成为推进县域经济发展的新引擎。

乡村振兴关键在人才振兴。人才挖掘、引进、培育的核心在党组织。要站在人才振兴关系乡村振兴成败、关系农民福祉的高度，认识做好人才振兴的极端重要性。人才振兴是一个久久为功的过程，不可能一蹴而就。

三、驻村第一书记要扛起乡村人才振兴的重要职责

基层组织成员要有大胸怀，以更宽广的视野、包容的心态，广揽人才，不能为一己之私，对招才引智默不作声，或上有政策下有对策地应付，或怀揣小心思，表面积极作为，实则处处掣肘。因此，对于上级有关乡村振兴的政策在村一级的宣传落实中，驻村第一书记、驻村工作队要会同村级共同落实，一是加大宣传落实力度，力求精准，取得实实在在的成效；二是监督执行，纠正村级在宣传落实政策中有意无意出现的偏差，共同将政策原原本本宣传执行到位。乡镇党委政府应坚持督导检查，促进村级工作落实见效。

在乡村人才振兴中，驻村第一书记要带领驻村党支部重点做好以下工作：

第一，发掘本村种植、养殖能手，能工巧匠、传统手艺人、复员军

人、退休教师、在外大学生等，收集整理个人资料，建好档案，以及时推荐上报上级；创造一切必要条件，动员组织乡土人才积极参加政府组织的相关培训，学习专长，丰富提高自身技能，切不可随便拉人，应付交差。

第二，组建乡村振兴人才村级组织，依托他们的专长特点，使其主动服务现有产业，进一步组织动员群众参与，树立科技就是生产力的理念，营造尊重人才、学科技、用技术的良好氛围，让群众在服务中尝到"甜头"，得到好处，引导群众学习掌握技术，逐步走上科技致富之路。

第三，编制村产业发展规划计划，谋划村集体经济项目。设置岗位，按照以岗择人、人岗相适的原则，广泛召集本村在外务工人员中有乡愁乡情、技术专长，会管理、善经营的志同道合者，回乡参与创业，共同为家乡发展贡献力量。对于实际有需要，但一时又没有相应可用之人，驻村第一书记、工作队要主动作为，从本单位或从其他单位聘请专业人员及时补缺指导。同时，有意培育本土人才，村干部也要主动学习，掌握基本技术要点，努力做一个"技术贩子"，但绝不能做"技术骗子"，不断练就提高服务产业的本领。产业项目及时入库，一旦选中落实，要创造推进实施条件，精准落实；对于支持项目实施的技术人员，要创造工作生活条件，用真情留人，不可以夜郎自大，嫉贤妒能，不理不睬，更不能处处设置障碍，逼走项目人才。

第四，以"不求所有，但求所得"的开放心态主动对接村外产业项目、新型经营组织，带动本村经济发展。这个过程是一个借力快速发展的过程，更是一个长见识、学知识、实际锻炼提高的好机会，从中会结识许多各类专业人才，可向其学习经验方法，这也是最直接、成本最低的引才用才的好方法，为下一步满足人才需求打下良好基础，做好人才储备。

第四节　构建数字化市场营销

市场营销是企业等经营主体以顾客需要为出发点，有计划地进行经营活动，为顾客提供满意的商品和服务而实现企业目标的过程。市场营销完全不同于传统销售，它有明确的经营主体，具有开发性、计划性、目标性、组织性。除了衣食住行等自然需求之外，其他需求均是被制造出来的。人常说，有个卖啥的就有个买啥的。现在，城乡发展不平衡，双循环通路不畅，致使农副产品不能顺畅进城，不能更好地满足城市居民的需求，同样，工业产品也不能顺畅流向农村，满足广大农民生产生活的需要，这是乡村产业发展中最大的瓶颈。构建国内城乡双循环，促进城乡平衡发展是最大课题。

任何瓶颈都需要正视它的存在，都要在发展中得到破解。乡村产业发展瓶颈必须在产业发展中得到解决。破解这一瓶颈应着重从构建新型经营主体和经营主体数字化市场营销两方面进行。构建新型经营主体就是解决"谁来干""和谁一起干""带谁一起干"的问题，新型经营主体大体可分为三种类型，一是企业化运营、规模化经营，推进实施现代农业发展；二是服务小农户产前、产中、产后的社会化服务组织；三是互助性专业合作组织。无论是哪种类型，在推进乡村产业发展中必须以增进农民利益关联性、农业设备技术优化提高和产业人才培育作为重要考量，其中，农业产业数字技术应用是核心工作之一。

一、农业数字化政策框架与实际应用概况

2005 年中央一号文件第五条"加强农村基础设施建设，改善农村发

展环境"中,第十四款提出"加强农业信息化建设",标志着农村信息化被提到顶层设计的高度。党的十九大以后,农业数字化愈加受到重视。2018年中央一号文件提出"大力发展数字农业";2019年中央一号文件明确提出"实施数字乡村战略,加强国家数字农业农村系统建设";国务院出台《数字乡村发展战略纲要》,农业农村部制定出台了《数字农业农村发展规划(2019—2025年)》及专项政策,已初步形成了数字乡村建设的政策框架。

2020年中央一号文件要求"开展国家数字乡村试点",试点工作随即展开;2021年中央一号文件明确要求"实施数字乡村建设发展工程"。从农业农村部《2020全国县域数字农业农村发展水平评价报告》中可以看出,2019年全国县域数字农业农村发展水平已达36%。从实际数字技术应用来看,在新疆、东北等地区,应用GPS系统,集旋耕、播种、覆膜一体化的自动播种机等得到广泛应用,智能、省力、高效。又如在陕西苹果主产区应用无人机喷施农药、叶面肥等,精准、高效、智能、省工省力,真正做到了统防统治,从根本上防止了病虫害交叉为害,减少打药次数,降低农药残留,从而提高果品安全性。2020年,全国各类返乡入乡创业人员多达1000余万,在创业项目中55%是运用数字信息技术开办网店、直播直销、无接触配送,积极打造"网红产品",近九成属于融合类型,涵盖产加销服,吸纳带动当地稳定就业。

二、推动数字化技术应用,促进乡村产业振兴,保障就业

当前,新一代信息和数字化技术正在转变为新的生产要素和治理工具,为推动数字经济时代乡村振兴提供了前所未有的机遇。

如今,手机正在成为"新农具",数据正在成为"新农资",直播正在成为"新农活",农村大众创业、万众创新蓬勃发展。各驻村单位应主动提供帮扶,循序渐进推动数字化营销。数字化营销在推进产供销

有效对接、实现农产品进城和工业产品下乡方面具有重要作用，更是解决农产品卖难和增产不增收的重要手段。可采用众筹、预售、定制、领养等创新方式，形成线上线下融合，农产品进城和工业产品下乡双向流通。这是推进乡村产业发展，促进振兴，实现农业农村现代化的必然要求和有力抓手，是驻村帮扶工作重要内容之一。需要着力从传导数字技术理念、引进培育技术人才、数字化农业设备与服务应用、电子商务实践及物流配套等方面着手，由易到难，循序渐进，一以贯之地抓下去，抓出成效。

第一，通过培训传播数字农业农村国家政策、数字技术及实践应用案例等，引导加深基层干部对数字农业农村的认识，逐步了解数字技术在农业产业、农村治理中的具体应用，特别需要深入了解电子商务技术的具体运用，目的就是让基层干部从产业传统营销模式切换跳入数字技术营销，借助数字技术手段促进农产品生产销售，化解卖难、增产不增效困局，服务小农户经济发展，顺势推进规模化生产经营。同时，协调配合国家5G覆盖、千兆光纤入户等基础设施建设，助力实现"横向到边，纵向到底"网络全覆盖，为迎接数字农业农村大潮打下基础。

第二，农业农村数字技术应用最大的短板就是缺乏人才。河北承德恋乡农场是由任盈盈、温志强夫妇创建运营的，他们是一对"90后"大学生，坚持生产有机蔬菜，电商预订式营销。他们遇到的最大的困难就是缺乏电商运营人才，事事都要亲自操作，在某种程度上限制经营发展。人才缺乏由此可见一斑。乡村振兴期间，镇村必须将数字技术人才引进纳入重要工作日程，从现有产业中选择条件成熟可做电商营销的产业经营主体，如企业、合作社或社会化服务组织，引进人才，给予优厚政策，支持率先开展电商运营、物流配送业务，用数字技术手段营销。同时，以此作为人才实训培育场地，在实践中培育更多优秀的电商人才。各级派驻单位在这方面有一定的优势，需要主动对接，设立帮扶专项，引育人才，共同促进数字农业农村建设。

第三，邀请电商业主现场教学，或参与本地优质农产品电商营销业务，选派本地具有可塑性的电商后备人才参与学习，使其在实践中得到培养；也可以制作教学小视频供大家学习掌握，并设专业人士予以答疑解惑，解决学习实践中遇到的难题困惑，帮助其尽快成长。

三、电商未来发展趋势

由于这些年互联网的不断普及，特别是伴随快递、网上银行、诚信系统等几方面的综合发展，电商日益显现出强劲的发展势头。越来越多的传统企业正大规模地进驻电商领域，结合其自身特点及原有优势，不断涌现出适合企业自身发展需要的电商创新模式与应用。现对电商未来的发展趋势进行以下几个方面的探讨：技术的迅猛提高，使电商网站规模不断增大与消费者需求日益个性化之间的矛盾有望得到解决。"智能化虚拟导购机器人"在未来的网站中可视为电商在纵向上的发展。

1. 智能化趋势

依托云计算等技术对网站海量数据资源进行智能化处理，从而实现为消费者提供更加人性化的服务。同时，利用智能技术，能够实现多种跨平台信息的更为有效迅捷的融合，例如根据网民消费者在操作过程中所表现出的操作特性以及从外部数据库中调用的消费者历史操作资讯，然后有针对性地生成优化方案，及时迅速满足消费者的个性化即时需求，最终提高消费体验，增大消费转化率，增加消费者满意程度及网站黏性。在B2B领域，信息也将依托智能技术而进一步商品化。各种信息将会被更加智能化地收集和整理，以便被商业用户所定制。智能化数据分析功能可帮助商业客户从简单的数据处理业务提升到智能的数据库挖掘，为企业提供更有价值的决策参考。

2. 延展化趋势

延展化可视为电商在横向上的产业拓展。电商将从目前的集中于网上交易货物及服务，向行业运作的各环节领域扩展和延伸。在企业内部，电商元素将渗透到企业管理、内部业务流程；在外部产业群领域，电商的发展将激活和带动一系列上下游产业如结算、包装、物流配送、基于位置服务等领域的发展。此外，还将引导周边相关产业的创新与升级，如利用智能化远程水电煤表进行远程自动查表与收费。而这些创新反过来又将促使电商模式不断升级拓展。

3. 规范化趋势

电商市场将进一步得到健全和规范。商品与服务的提供方在售前的货源品质保障、售中的宣传推介和售后的服务兑现等方面，将随着市场完善和相关法律及奖惩措施的出台而变得更加规范自律。不但像当前在淘宝、拍拍等普遍存在的假冒伪劣商品在将来的生存空间越来越小，而且随着地球环境的不断恶化和社会价值的逐步转变，环保低碳的共识将会在消费者之间慢慢产生，进而影响到电商领域，将环保等理念融入行业中。在这一进程中，一些相关法令制度的颁布，将迫使电商业者通过规范化运营来获取竞争优势。

4. 分工化趋势

伴随电商在横向、纵向领域的不断发展，越来越多的专业服务型网站将填充在整个电商行业链条的各中间环节，将会出现越来越多像现在的返利网、最低价网这类处于消费者和电商网站两个链环之间进行专业化资源对接的网站。在诸多中间环节如网站与物流之间，与广告推广之间，与银行支付系统之间都将出现专业化的分工机构来提升整体行业链条的效率，降低系统成本。这类网站在功能和应用方面都将会不断进行创新。

5. 区域化趋势

由于我国经济发展的不平衡，地区生活水平、自然条件、风俗习惯、教育水平的差异，导致了网民结构的差异性，这必将在网络经济和电子商务发展中表现出区域差异。以当前快速发展的团购类网站为例，在美团网、拉手网、糯米网等团队的运营能力中，区域化经营都表现出了不可替代的重要性。未来伴随电商服务从板块式经营模式向细分市场模式发展，更加符合和贴近当地生活习惯的本地化电商模式将会层出不穷，各个区域群体的个性化需求将会得到满足。

6. 大众化趋势

在我国经济向中西部地区发展、全国各地城镇化建设的进程中，传统大城市之外的更为广阔的城镇农村地区将成为巨大市场，这样除了常规电商行业，将会针对电商以网络为依托的特点提出各种新的需求，例如远程教学、远程医疗会诊、远程培训等。这些都将得到大的发展，更多的人群将会参与到越来越大众化的电商服务中来。

7. 国际化趋势

电商国际化趋势带有历史的必然性。我国的网络经济已成为资本的投资热点：一方面，国际资本的直接注入，将加速我国电商整体实力的提高，缩小我国电商企业与国际同行的差距，以最终实现"走出去"，面向全球消费者；另一方面，国际电商在我国的本地化投资运营既能够通过竞争提高我国电商企业的能力，同时也为我国中小企业带来在全世界展示自己的专业通道。这种内外双方的交互融合渗透将会是电商未来不可缺失的发展环节。

四、农产品电商实操

农产品电商的关键是农产品。对于农民来讲，电商就是一个渠道而已，渠道就是从A点到B点。而从A点到B点有很多种走法，可以坐汽车、火车、高铁、飞机等，对于电商来讲好比是：有平台电商（淘宝、天猫、京东等）、平台微商（有赞、微店、京东微店等）、微信、微博、直播等。对于不同的农产品，要有针对性地做出渠道选择。如对于量大的标准化大众化农产品，平台电商还是最适合的。平台电商的最大优势就是把流量集中在了一起，我们只要搞清楚平台的游戏规则，找到一个与自己的产品相适应的运营方案，还是有很大的机会的，毕竟每天有上亿流量在平台上访问，这也是我们可利用平台的最大优势所在，那么更多的质优量小的农产品就不适合平台电商这个渠道了。这里不再赘述。

现在很多人一提到农产品电商化就说要标准化、产业化、规模化，其实，这对于很多山区的农村来讲根本就不适合，因为地理条件就不具备。另外，工业品电商早就在前几年提出未来的趋势是小而美、个性化、定制化了，而农产品，特别是地理标志产品及地方特产，不正具有鲜明的地理特性吗？本身就具有很强的小而美、个性化（不同的土质、不同的气候等就有不同的特质）的农产品，不就是非常适合电商趋势的吗？然而事实证明，农产品不一定要搞标准化、产业化、规模化才能电商化。更何况在我们地大物博的大中国，地区的饮食差别还是很大的（上海及江苏地区爱吃甜，西南地区爱吃辣，沿海地区爱吃海鲜等），所以，很多食品的销售是有很强的区域性的，或者说是具有销售半径的。

农产品的品质是核心，我们一定要去思考我们的农产品怎样才能激发出城市里的消费者的购买欲望。很多农产品是可以将大数据作为参考的。经过十几年的电商交易，电商平台已经形成大数据，这足以给我们提供信息参考，可以利用阿里的生意参谋、京东的数据罗盘来分析自己所经营的农产品在相关类目里的情况，我们现在运营店铺做链接不也是先看数据的吗？农产品为什么就不看了呢？所以，别相信什么样的农产品都可以在平台电商里卖，那是不可能的事。

有了高品质的农产品之后，我们就应该通过品牌打造来沉淀品质，进而不断提升符合消费者需求的品质来支持品牌，这样就走上了一个良性循环。品牌如何取名？这也很有学问，这方面笔者不专业，但是，笔者觉得应该让消费者一看就明白我们是什么样的产品或类目吧。

对于有地方区域性公共品牌的农产品，前期可以借助公共品牌来提升自身的影响力，公共品牌可以为企业品牌"做嫁衣"，然而这也是为什么很多地方区域性公共品牌不可持续打响的原因之一。

总之，做农产品电商的核心是产品，品质是关键，品牌是沉淀，绝不能走拼价拼量而拼得你死我活的套路。作为农民来讲，把农产品种好是关键，也就是做好供应链的最前端。其他的就交给专业人去干。

王魏是一位优秀青年，为帮助洛川果农借助互联网销售洛川优质苹果，他通过自学探索，踏上了电商之路。

2020年，王魏主动与之前从事电商的小伙伴沟通，一起发起组建果乡儿女追梦营，主要是想通过直播和短视频的形式宣传家乡，推荐家乡的苹果。2020年累计销售苹果1000万斤，拍摄短视频1000余部，围绕果乡开展"浓情端午，果乡有爱"活动，慰问抗疫第一线的民警、医务人员、环卫工人300余人。2021年3月，洛川果乡儿女追梦营为助力中国陕西（洛川）国际博览会春季苗木农资交易会，组织"2021出彩洛川·春之约'苹果杯'迷你马拉松比赛"；4月，王魏参与陕西省农业厅主办的走进陕南宣传陕茶活动，并获得"遇见陕茶遇见你·百家茶企庆百年华诞·镇巴毛尖杯陕茶短视频大赛"三等奖；5月，王魏参加第四届中国国际茶博会，并作为陕农优品推荐官前往浙江杭州推荐陕茶；6月，他应陕西省果业局邀请作为培训老师为陕西省千名网红夏季培训"短视频实际操作"。2021年7月，他开始组建果乡追梦营直播平台，连续直播47天，每天10小时在线直播，推荐洛川苹果、米脂小米、大荔冬枣、眉县猕猴桃、延川狗头枣等陕西名优农产品，截至9月10日，累计线上线下销售5600余单，带动电商企业10余家开始短视频及直播带货。

他相信，未来电商大有可为，他自己也在坚定地践行着。

互联网时代,直播、短视频等新技术帮助许多农民打开了产品销路,2020年全国农村网络零售额达1.79万亿元,同比增长8.9%。然而,在巨大的流量面前,有些博主自认为发现了"财富密码",利用人们的同情心,"卖惨"带货赢利,为营造假悲情拼凑、伪造视频,造成恶劣社会影响。这些破坏地方农产品品牌形象、打压市场价格、损害农产品生产经营者利益的造假行为,需要市场监管部门严格整治,促进农产品电商销售健康有序发展。

案例十二

"网红县长"胡万社:
电商消费扶贫,促农民增收

我和胡万社县长是在延安培训时相识的,后来他邀我给他们做过培训,联系沟通比较紧密。他是经陕西省委组织部选派,由陕西省通信管理局派驻到富平县挂职扶贫的副县长,主要负责组织省级单位开展"驻村联户"扶贫工作,协助富平县主管领导做好脱贫攻坚工作和移民搬迁工作。

聚焦消费扶贫,助力集体经济发展成为他最大的工作亮点。从2018年下半年开始,他就以"抓消费扶贫促产业发展,助力集体经济发展,带动群众脱贫致富"为目标,探索通过建立"帮扶单位+龙头企业+村集体经济组织+合作社与农户"的协作体系,系统解决原始农产品的商品化、扶贫企业的产品销售渠道问题,在"将消费扶贫与集体经济发展进行融合"方面进行了持续的探索和实践。在陕西省电信公司的大力支持下,首先在所包联的西上官村进行了试点,取得了初步成效和经验,随后,在所有省级帮扶村和县上给他安排的定点扶贫村进行了全面的复制推广。3 年来各帮扶单位累计采购扶贫产品 1300 多万元，电商平台销售总额近 2000 万元。富平县委安排由他包联的刘集镇十字村集体企业佰里康公司通过各类电商平台销售富平扶贫产品，在不到两年时间里销售额达到 5000 多万元，不仅帮助本村和周边村庄群众解决了农特产品销售难问题，还解决了 30 多户贫困户的就业问题，同时也使村集体经济组织取得了长期稳定的收入，为全县村集体经济发展创立了新的模式，起到了良好示范引领作用。

线上线下结合，多点发力，把富平农特产品"卖出去、卖上好价钱"。3 年来，通过多方努力，他促成了京东、阿里、字节跳动、鲜丰水果、本来生活等龙头电商企业总部和中高端生鲜产品销售企业与富平县的紧密合作，持续从产品销售、品牌推广、价值提升等方面对富平县的产业发展进行扶持，取得了明显的效果。从 2019 年后半年到 2021 年初，在这些龙头电商平台的支持下，每年结合富平各类农特产品的上市时间，以线上线下结合的方式适时组织了近 30 场次的产品推广活动；以天猫、京东及其平台商家为主，每年组织富平柿饼、苹果、樱桃等农特产品的产销对接会，促成 40 多家平台头部商家与富平当地农产品加工企业达成合作；帮助富平大部分柿饼与羊奶加工企业在天猫、京东、天虎云商等电商平台开设了旗舰店，帮助它们开启从单纯的供货向批零兼营的销售模式转型，帮助它们拓宽了销售渠道，提高了利润水平。3 年来，富平的各类农特产品没有出现滞销现象，而且销量与销售价格同步稳定增长。以富平柿饼为例，3 年中，富平柿饼的收购价格从 20 元/千克涨到了 46 元/千克、鲜柿的价格也从 3 元/千克涨到了 6 元/千克，而且呈现出了供不应求的局面。富平羊奶、苹果、樱桃等也基本呈现这种态势。广大的农村群众与加工企业的收入也年年增长，发展产业的信心持续增强。在这些推广活动中，他也是全情投入，亲自代言，参与直播带货，被广大企业和农户亲切地称为"柿饼县长"和"网红县长"。

发挥头雁效应，培养电商人才队伍，建立长效机制。虽然，经过努力与带动，3年来，富平县的柿饼、羊奶、苹果、樱桃、鲜桃等农特产品的销路畅通且价格稳步提高，广大群众发展产业脱贫致富的信心倍增，富平电商助农氛围也越来越浓，但他深知自己的挂职是有期限的，凭个人的带动更是有限的。为此，在2020年后半年，他组织了"富平百名书记直播带货、消费扶贫助力产业发展"活动，从9月份起，按照"一月一主题"的节奏组织消费扶贫活动。通过这两个活动，有序组织，帮助富平农产品加工企业进一步密切了与京东、天猫、抖音等电商平台的合作，让政府部门和企业学会如何与这些平台合作开展农特产品的推广和销售，同时帮助富平县培养了一批电商人才，初步形成以市场为导向的产业发展长效机制，为巩固拓展产业脱贫成果，有效衔接乡村振兴，帮助群众持续增收致富，奠定了良好基础。

"协助主管领导完成脱贫攻坚任务，发挥自身优势，帮助企业与农户拓宽销售渠道、提高产品价值、提高收入水平，促进主导产业健康持续发展，这是当好挂职县长的职责。"他是这样说的，更是这样做的。

案例十三

宜川百丰专业合作社无人机果园植保服务惠乡亲

2021年9月8日，在著名旅游胜地黄河壶口瀑布所在地宜川县，陕西省植保无人机飞防工作会议隆重召开，省、市、县、乡四级领导出席会议，并做了重要讲话。与会代表进行了互动漫谈，商讨无人机用于果园飞防有关问题。各地农机具研发、生产企业，延安市各区、县及宜川县各乡镇、涉农企业、果业合作社，农机专业合作社的代表及附近各村果农参加了会议。

代表们现场观看了植保无人机飞防表演和各类农机具展示。展会上各类农机具琳琅满目，让人目不暇接。防冻烟雾机、自走式可升降作业平台、电动套袋机、拉枝器、果园运输轨道设施、各类喷雾机、割草机、开沟施肥覆土一体机、大田作业机具等，只要是果园需要的机具，基本都能看到。天气炎热、酷暑难耐，但丝毫没有影响大家参观的兴致。在百丰果业合作社智慧果园各项配套设施、自动观测设备、农资、园艺工具展室里，与会者长时间驻足参观交流，无人机是大家谈论最多的话题。农业航空作业在国外于20世纪60至70年代开始应用，以有人驾驶飞机进行农田作业。我国于2008年开始农田无人机作业，2016年进入快速发展阶段。

宜川百丰果业合作社引进推广使用各类果园小型机械，特别是使用无人机喷施作业，防控病虫害，真正做到了统防统治。合作社理事长袁安平说："我和我周围的乡亲都是果农，我们都深刻感到农村劳动力短缺，而年轻人并不愿意从事农业生产，特别是植保作业，使植保环节一直成为果业产业链'耕、种、植保、收'中自动化程度最低的环节。同时，随着农业生产机械化程度的提高、种植规模的扩大，病虫害时常爆发式发生，都对植保作业的效率与效果提出了更高的要求。因此，引进应用机械就成为我们合作社站住脚，真正服务群众的突破口。"合作社自2011年成立以来，先后引进推广使用割草机、施肥开沟机、弥雾机、无人机等机械，直接服务会员298户和周围果农，服务面积达数万亩。

早在2014年的中央一号文件中就已明确提出"加强农业航空建设"，2015年又提出"到2020年实现农药使用零增长"。这一切都表明国家希望出现一种更优的植保方式来提高植保作业的效率以及农药使用率，而植保无人机恰恰能够满足这两方面的要求。

无人机技术的发展特别是电动多旋翼无人机技术的蓬勃发展是植保无人机产业迅速成熟的必备条件，只有植保无人机产品拥有较低的操作门槛、购置门槛和良好的稳定性,才能为使用者带来直接的收益;否则,也无法产生规模效应。早期部分企业一直都在借鉴日本的产品及经验,长期的实践表明,不仅无法适应中国的国情,而且无法实现操作者的持续赢利,也就无法实现行业的持续增长。更成熟的产品才能带来持续的市场增长。

果园管理具有一定的特殊性,面积大、技术要求高、受自然因素影响大,管理难度大、劳动量大、劳动强度高、用工多而密集。而目前面临的状况是劳动者年龄老化、知识短缺、接受新事物较慢,劳动力短缺、后继无人,在用工的关键时期,一工难求的现象已经持续出现几年了,即使出高价也不容易找到农业工人。这一现象将会持续下去,不会有多大改变。为了缓解劳动力紧张的局面,减少人力投入、减轻劳动强度、降低劳动成本,科研工作者想方设法从品种培(选)育、栽培技术改进、树形培养改变入手,进行老果园改造、简化修剪,使用药剂疏花疏果,进行套袋机、免套袋、各类机械(地下施肥、割草、除草、喷药机械)研发,应用了许多新式高科技产品和器械,取得了一定的成效,但是,与果园需求还有一定的距离,有些方面还相差甚远。尤其是劳动力老龄化,缺乏农技知识,单家独户购买农机具,小而全,不利于大型机械工作,工作效率低,造成人力、物力浪费严重,急需一些专业公司来管理果园,而规模化给无人机发挥特长提供了良机。

从植保方面来看,目前的喷药机械大部分是柴油机带动三缸泵喷药,雾化不良,喷雾不匀,抛洒严重,防治效果不理想,造成药物、人力浪费;自走式风力弥雾机应用极少,且由于果树密度大,树干太低,树冠交接严重,行间行走、地头回转困难,多数果园无法使用,难以大面积应用。植保无人机应运而生,在植保上可以大大提高工作效率,减轻劳动强度,节省人力物力,降低果园投入,增加果农收入。

"果园机械化省工,劳力紧缺时不犯愁,而且效果好,成本降下来了。"一位张姓会员激动地说道。"果园机械化的好处果农逐步认识接受了，我们的服务面积也在逐年扩大，现在要求托管的果农很多，我们合作社最近又购进7台无人机，现在派出15名年富力强、有一定文化层次的社员进修学习操作技能，培养自己的操作手。"袁安平理事长介绍着，对合作社的未来发展充满信心。

全国各地已经掀起植保无人机的使用高潮，各类托管服务机构应运而生，可以大幅度地提高劳动生产效率。宜川百丰果业合作社以生产实际问题为导向，以合作社为依托，组建专业社会化服务队伍，培养新农人，服务果业农业实现机械化、省力化、现代化。"随着无人机技术不断改进、完善、拓展延伸，本土操作手技术不断熟练，我们今后还会开展更多业务，比如防冻、疏花、疏果、防冰雹等。让果农当个甩手掌柜，轻轻松松管果园，将为时不远了。无人机让农业腾飞的时代来临了。"袁安平对未来充满美好憧憬。

第五节　村集体经济探索

集体经济是村级财力的主要来源，是促进农业现代化，实现共同富裕的必由之路。集体经济能否壮大，一定程度上关系到党在农村的执政地位能否巩固。集体经济越来越被重视，但集体经济的发展仍然处于资料摸底、探索发展阶段，所有的资料要求有完整目录和严格程序，档案资料日趋完善，但实际情况相去甚远。大家知道，摸清家底十分必要而紧迫，但更重要的在于引导与培育。脱贫攻坚期间，各村都在积极探索集体经济发展，查找集体经济培育发展中的制约因素、难点，探索集体经济的实现方式与路径。必须采取有针对性的措施，创新发展载体和手段,大力发展农村集体经济。

一、据实查找村集体经济发展面临的短板与瓶颈

目前,集体经济培育发展中主要的制约因素和难点,集中表现在集体观念不强,发展意愿不足,缺乏敢担当、善经营、会管理的"领头雁",市场意识、规范意识、风险意识欠缺,对自然禀赋、基础优势尚未查清,集体经济实现方式与途径单一,等等。这些直接制约集体经济培育发展,成为亟待破解的瓶颈。

2019年,西北大学用商州区奖给学校的先进帮扶单位奖励资金,购买了50箱中华土蜂,将其捐赠给黄山村发展集体经济,得到上上下下的一致赞誉。当50箱土蜂运送到黄山村后,前来关心的干部群众不少。个别贫困户理直气壮直接问咋分。看到只有50箱,119户贫困户一家不足一箱,有些人开始摆自己的特殊困难。总之,一门心思等着分。虽说只是常年在村的个别人,但反映出群众"等靠要"思想依然存在,扶志仍需加强,更体现出村民集体观念缺失,轻视集体经济发展。后来,由村支书马平娃带领几人把50箱土蜂养殖起来,现已扩繁至85箱。2020年西北大学再次向黄山村捐赠200箱中华土蜂,经村评议决定交由几位村民承包经营。

二、立足实际,发挥优势,发展集体特色产业

培育发展集体经济要立足实际,厘清自身优势,充分发挥优势,尽力而为,量力而行,渐进发展,碎步快走,切不可"高大上",更不能脱离实际"假大空"。我曾与原帮扶村的马平娃支书探讨过村集体经济,他谈到的发挥自身优势,立足村情,发展中药材种植、扩大菊芋面积、新增木耳等生产的想法比较切合实际。黄山村处处是山,森林茂密,荒芜耕地较多,可以恢复种植连翘等中药材,其下套种柴胡,立体生产;也可纳入退耕还林项目,给予项目支持,达到青山绿水是金山银山的目

的。扩大林下养殖土鸡,完全放养,纯天然、原生态,以质赢得市场。由于黄山村大量人员外出务工,生态恢复保护得非常好,在征得林业部门许可后,采伐橡木,发展木耳生产。旧宅腾退后复垦土地,也可引导生产时令季节性蔬菜,走有机绿色之路……

方案想法容易提,万事难在落实。不行不至,不为不成。集体经济实现方式已在实践中渐进式探索着。近年,黄山村先后成立了3个专业合作社,不同程度都有进展。通过土地流转,联合带动贫困户发展产业,取得分红,吸纳劳动力务工,获得劳动报酬,达到共赢。同时也存在社员量少、实质参与度不高等问题,组织化程度和利益关联度是主要因素。组建合作社的目的在于逐步培养村民的合作经营意识,为培育发展壮大集体经济做基础。黄山村现已有村集体合作经济组织,在脱贫攻坚成果巩固拓展期间,应引导鼓励村民深度参与,精心组织,带动发展产业。

管理是成本,管理出效益。管是监督与控制,理是引导与指导,管理的核心是利益平衡。利益不平衡,会滋生矛盾,造成内部混乱。集体经济组织需要建立在一套可行的制度之上,使之内化于心、外化于行,也需要有一套监督体系,使集体经济组织自觉接受监督,在阳光下运行。现实中,规范性制度尚不够健全,或只存留在墙上和档案柜之中,需要做的工作还很多,路还很长。

人是最活跃的因素。集体经济能否办成、能否办好、能否办出成效,关键在人。敢担当作为,一心为公,善经营、会管理的领导者是首要必备条件。现实中,村集体经济负责人是"被负责"的,责任心不强,积极性不高,不作为、不敢为、不会为是普遍现象。因此,集体经济培育发展需要团队谋划,组织实施,上级有关业务部门、帮扶单位的科学指导已成为当务之急。动员优秀青年返乡创业,发挥其优势,不失为一种正确选择。黄山村几位返乡创业青年,目前仍以个体经营为主,尚未参与集体经济组织。

我们在黄山村集体经济探索中，采取了由下而上的渐进模式。首先，鼓励扶持村民发展产业，培育他们的产业意识，让产业成为他们家庭经济的主要来源，现在中药材、林果、养殖等主要产业稳步推进，每年递增；同时，重点帮扶返乡青年发展产业，树标杆，典型引导。其次，探索在自愿前提下，以产业为核心，以互联生产经营为模式，建立合作经营。最后，组建合作社，探索更大范围合作生产经营与合作机制，探索合作社管理制度运行。从实际成效看，有所进展，值得再总结再推动。现在已建立了黄山村集体经济组织，在前期探索的基础上，深刻总结，科学指导，规范运行，成为脱贫攻坚巩固拓展时期，与乡村振兴有效衔接之际，最为核心的工作之一，也成为巩固脱贫成效，防返贫防止新生贫困，推动村经济社会发展的重心工作。

三、盘活土地资源，保值增值，在发展中促进共同富裕

盘活村集体土地存量，加快土地有序流转，坚决遏制撂荒弃耕。充分利用荒山、荒坡、荒田，加快土地有序流转，合理开发村集体土地资源，发展村集体经济。引导相关企业、个人参与土地流转，形成多元主体，重点向农业企业、科技人员、专业大户、合作社等主体流转合作，提高土地流转实效。鼓励种植能手、加工企业、专业大户等反租赁承包、合股经营开发，创办农业基地，发展"一村一品""一村一特"，增加村集体收入。

盘活村集体闲置资产，如过去发展中积累的固定资产等，以公开招标方式实行租赁、入股参与企业经营，提高闲置存量资产利用率，避免村集体资产流失，增加集体和村民收入。同时，要严格资产认定、租赁、招标程序，坚持村核查、民评议、乡镇审核等有效程序，公开公示，强化监督。充分发挥帮扶单位在资金支持、科技人才、项目论证、招商引资、对外销售、技术支撑等方面的优势，合力促进村集体经济发展。

第六章

乡村振兴基层工作方法

第一节 脚上沾土——入户调研法

一、心里装着群众，和群众坐在一条板凳上

攻坚克难，不负人民，踏上乡村振兴新征程。"治国之道，富民为始。"人民就是江山，江山就是人民。人民是历史的主体，只有激发出人民群众的内生智慧和力量，才能为我们的伟大事业注入不竭动力。人民是真正的英雄，只要始终为了人民、依靠人民，就一定能形成乡村振兴共建共享的良好局面。乡村振兴是为了实现人民对美好生活的向往，必须以人民是否满意作为检验乡村振兴成效的标尺，突出民主参与，坚持民意导向，把人民群众的所需、所盼、所求转化为推动乡村振兴的具体措施，激发人民群众投身乡村振兴事业的无限热情。保持人民立场，要牢记"担当"二字。脱贫攻坚的全面胜利，是数百万扶贫干部倾力奉

献、苦干实干,同贫困群众想在一起、过在一起干出来的。"全面实施乡村振兴战略的深度、广度、难度都不亚于脱贫攻坚",这条路不好走,遇到的艰难险阻只会更多,领导干部要敢担当、敢作为,擦亮奋斗底色,坚持真抓实干,踏上乡村振兴新征程。

群众的所思所想所盼所求从哪里来?乡村振兴具体措施是否有效管用?群众是否乐于参与,是否满意?回答这些问题都离不开深入群众反复调查研究。毛主席说过一句话:"老老实实地听下级的话。"这是1958年3月25日,毛主席在成都会议上做第五次讲话时提出的。老老实实听下级的话,有利于掌握实情、做好工作,可以使我们少犯错误,少走弯路。党的十八届六中全会把坚持倾听群众呼声,问政于民、问需于民、问计于民,决不允许当官做老爷等,作为对党员干部的基本要求明确提了出来。乡村干部、乡村振兴驻村干部身在基层一线,直接面对群众,服务群众,必须养成脚上沾土深入群众的良好作风,掌握运用好"从群众中来,到群众中去"的工作方法。唯有如此,才能与群众打成一片,方能深入有效地服务群众。

二、实际调查研究是乡村振兴的制胜法宝

习近平总书记指出:"坚持一切从实际出发,是我们想问题、作决策、办事情的出发点和落脚点。坚持从实际出发,前提是深入实际、了解实际,只有这样才能做到实事求是。要了解实际,就要掌握调查研究这个基本功。"任何脱离服务对象的服务都是无意义的,效果极差的。乡村振兴是解决农村发展不充分的问题,其主战场在广大农村,服务和参与主体是农民。只有深入群众,增进友情,加深感情,和群众成为好朋友、好亲戚,相互信任,才能感受到群众的真实生产生活状态,感受到他们的喜怒哀乐,才能动员组织群众参与乡村振兴,以农民群众为主体参与的乡村振兴才能惠及百姓。如果高高在上,远离群众,或是蜻蜓

点水式与群众打交道,则无法获得真实情况,无法精准掌握群众所盼所求,更无法与群众建立起深厚的情谊,无法组织带领群众并肩乡村振兴。干部脚上有土,群众心里不堵。

农村情况千差万别,无一村是相同的,农户也各不相同,无一户是相同的。这就更需要我们深入调查研究,真实了解一个村子每一户的基本状况、具体问题和要求、存在的短板弱项,这样才能找到解决问题的精准方法,取得实实在在的效果。目前,针对中西部农户,主要需要通过深入下去厘清以下几大类农户,有针对性地施以精准帮扶。

1. 政策保障型农户

对于家有特困人员户、长期卧床患者且再无劳动者或有劳动者仅作为陪护者户、无子女独居老人户以及丧失劳动力户等,需要通过经常性入户走访,给予更多人文关怀,协助解决生活困难,精准落实如五保、低保、临时救助、医疗及慢性病服务等国家相关对应政策。

2. 居村产业型农户

针对有劳动能力、长期居住在村、从事种养殖产业的农户,要跟踪调研产业动态,了解掌握产业发展中存在的阻滞产业发展的普遍性问题,主动对接,创造条件,共商解决之策。如牛羊养殖普遍存在冬春草料不足的问题,需要引进适种草种,引导鼓励养殖户自己种草,储备草料,推进养殖产业健康持续发展。对已形成一定规模的林果、蔬菜食用菌、茶叶、苗木、设施农业等特色产业,要深入田间地头、大棚之中调查了解生产经营上存在的主要问题和困难。目前总体来看,主要需要重点协助解决好三方面问题:一是引进推广配方施肥技术,增施有机肥、微生物菌肥,改良土壤,优化土壤结构,培肥地力,从根本上促进可持续发展,不断提高安全、营养农产品市场供给,如茶叶、果品生产基地急需使用生物技术应用,用生物菌剂菌肥促进持续安全生产等;二是引进使用机械,特别是适应生产实际需要的小型机械,缓解劳动力紧缺矛盾，以提高生产效率，降低生产成本，增加产业效益；三是引进推动数字化营销，组建社会化服务组织，拓宽产品营销渠道，促使产销良性发展。除此之外，还有其他具体问题，都需要深入实际调查了解，研拟对应办法一一解决。

3. 举家务工型家庭

农村有一类家庭是全家劳动力全部在外务工就业，或是仅留老人在老家留守，其他成员全部在外务工就业。对于这部分家庭，要调查掌握其家庭成员务工地点、单位、工种、收入等基本情况及基本诉求，畅通联系沟通渠道，逐月调查了解动态，监测务工信息、务工收入变化，根据变化与诉求，提供必要的政策干预，简化程序、跟踪帮扶，促进稳定就业。同时，对于有老人在家的务工户，要多入户走访关怀老人，帮助解决生活困难；在汛期对其在村宅基房屋要多去看看，排险防患。对务工者多通报村组信息，凝聚乡村发展人心与力量，引导有意愿返乡回乡创业的务工人员返乡创业，共同参与乡村发展。这些细微的调查、帮助，见于日常，暖人心，聚力量。

"民之所忧，我必念之；民之所盼，我必行之。"人民群众所忧所盼从何而来呢？唯有深入实际，调查研究。因此说，入户调研的工作方法是基层一线干部，特别是新派第一书记、工作队员必须掌握的基本工作方法，是一个基本功，需要长期坚持。唯有此，才可以更准确地掌握情况，采取正确方法，精准帮扶，也才能知民情、暖民心、聚民力，共同参与乡村振兴，造福父老乡亲。

附：乡（镇）村民基本信息情况及意愿调查表

入户调研问卷

各位村民朋友，

您好：

为配合村庄规划工作，改善村庄公共设施、基础设施和村容村貌，帮助农民改善生活质量，我们向您了解您家的生活居住情况和改造意愿，您的意见和建议将作为我们下一步工作的重要依据。

我们真诚希望得到您的合作，请您根据实际情况回答。本调查表不记名，我们将依照《中华人民共和国统计法》为您的回答严格保密。对于您的支持我们表示衷心的感谢。

乡（镇）村居民基本情况及意愿调查表

填表说明：

1. 请根据实际情况在相应的答案前面画"√"，或在空白处填写适当内容。

2. 除特殊说明外，每题只选择一个答案。

一、家庭基本情况

1. 户主年龄：

①18岁以下；②18～39岁；③40～59岁；④60岁及以上

2. 性别：

①男；②女

3. 受教育程度：

①小学；②初中；③高中；④大专以上；⑤未上学

4. 婚姻状况：

①单身；②未婚（未同居）；③未婚（已同居）；④已婚；⑤离异

5. 身高（　　）cm；体重（　　）kg

6. 您家里有（　　）部小汽车，（　　）辆自行车，（　　）辆电动车或摩托车

7. 您有无如下疾病或残疾（可多选）？

①有身体残疾；②有家族遗传病或慢性病（如胃炎、咽炎、高血压、糖尿病、偏头痛等）；③无

8. 目前从业情况：

①纯务农；②工人；③第三产业服务人员；④个体户；⑤村干部；⑥经营家庭农场或企业；⑦学生；⑧无业；⑨其他

9. 户主家庭总人口数＿＿＿＿＿＿＿，家庭成员基本情况（只填写户籍在本村的）：

性别、年龄、教育程度、职业按前4项题的选项填数字，多数时间居住地点填以下相应项：①本村；②本乡镇；③本区县；④本市区；⑤其他省市

与本人关系	性别	年龄	教育程度	职业	多数时间居住地点

10. 家庭每年净收入情况：

①2000元以下；②2000～6000元；③6000～10000元；④10000～15000元；⑤15000～20000元；⑥20000元以上

11. 收入主要来源：

①固定工资收入

②农业种植收入

③养殖业收入

④经商收入

⑤外出务农或务工收入

⑥出租土地或房屋收入

⑦政府救济或其他补助收入

⑧其他收入

12. 您家庭承包土地面积：　　亩，其中：

序号	种植产品	亩数	自用比例	销售去向	销售方式
1					
2					
3					

13. 平时农活情况：

①只种植；②只养殖；③种植兼养殖；④农产品加工

二、目前居住生活状况

14. 现有住宅建设年代：

①1950年以前；②1950—1990年；③1990—2000年；④2000年以后

15. 现有住宅造价：

①2万～5万元；②5万～10万元；③10万～15万元；④15万元以上

16. 现有住宅总面积：

①50m^2以下；②50m^2～100m^2；③100m^2～150m^2；④150m^2～200m^2；⑤200m^2～250m^2；⑥250m^2以上

17. 您家里饮用水问题是如何解决的？

①自来水；②深井水；③自打井水；④其他

18. 卫生间情况：

①自家（旱厕）；②自家（水冲厕所）；③马桶；④公共厕所；⑤其他

19. 住宅冬季主要取暖方式：

①烧煤；②烧柴；③煤气；④电；⑤天然气；⑥其他

20. 您家的确权耕地有（　　）亩。

21. 平时从自家住宅到农活地点一般需要多长时间：

①5分钟之内；②5～15分钟；③15～30分钟；④30～60分钟；⑤1个小时以上

22. 经常进行的休闲活动内容（多选）：

①购物；②体育运动；③串门聊天；④棋牌；⑤文艺活动；⑥其他

23. 家里孩子上学方便情况：

①非常方便；②方便；③不方便；④非常不方便

24. 目前孩子在（　　）上学。

①本村；②乡镇；③县城；④本省；⑤外省；⑥其他

25. 孩子上学所使用交通工具：

①步行；②自行车、电动车；③私人机动车；④公交车；⑤大巴；⑥火车高铁；⑦其他

26. 孩子每次上学所花费时间：

①15分钟内；②30分钟内；③30～60分钟；④1个小时以上

27. 家人平时去（　　）就医：

①村卫生室；②乡卫生所；③镇卫生院；④县医院；⑤省医院；⑥私人诊所；⑦其他

28. 平时去就医时花费时间：

①15分钟内；②30分钟内；③30～60分钟；④1个小时以上

29. 请您对您所居住的村庄从以下几方面的满意度进行打分

①道路交通

0=完全不满意　1=很不满意　2=一般　3=很满意　4=非常满意

②村庄绿化

0=完全不满意　1=很不满意　2=一般　3=很满意　4=非常满意

③村庄照明

0=完全不满意　1=很不满意　2=一般　3=很满意　4=非常满意

④垃圾收集

0=完全不满意　1=很不满意　2=一般　3=很满意　4=非常满意

⑤供水饮水

0=完全不满意　1=很不满意　2=一般　3=很满意　4=非常满意

⑥供电供暖

0=完全不满意　1=很不满意　2=一般　3=很满意　4=非常满意

⑦环境卫生

0=完全不满意　1=很不满意　2=一般　3=很满意　4=非常满意

⑧医疗服务

0=完全不满意　1=很不满意　2=一般　3=很满意　4=非常满意

⑨活动设施

0=完全不满意　1=很不满意　2=一般　3=很满意　4=非常满意

30. 请对您所在地的如下方面程度打分

①这个地方对我来说有很多意义

0=完全不同意　1=很不同意　2=一般　3=很同意　4=非常同意

②我认为我属于这个地方

0=完全不同意　1=很不同意　2=一般　3=很同意　4=非常同意

③如果搬离这里，我会很怀念这个地方

0=完全不同意　1=很不同意　2=一般　3=很同意　4=非常同意

④我为我的地方感到自豪

0＝完全不同意　1＝很不同意　2＝一般　3＝很同意　4＝非常同意

⑤这个地方给我归属感

0＝完全不同意　1＝很不同意　2＝一般　3＝很同意　4＝非常同意

⑥这个地方对我来说非常重要

0＝完全不同意　1＝很不同意　2＝一般　3＝很同意　4＝非常同意

⑦是否愿意搬迁到别的地方居住

0＝完全不同意　1＝很不同意　2＝一般　3＝很同意　4＝非常同意

三、新农村建设意向

31. 新房建设需自筹资金，您最多能承受多少钱？

①2万元以下；②2万～5万元；③5万～10万元；④10万元以上

32. 您希望新宅的建筑形式是（可多选）：

①平房；②1～2层独立式住宅；③2～3层独立式住宅；④2～3层联排式住宅；⑤4层以上公寓楼房

33. 新宅是否需要阳台或屋顶平台：①是；②否

34. 您希望村内设置哪种室内活动场所（可多选，请根据重要程度排序）：_____。

①乒乓球等健身场所；②棋牌室；③图书阅览室；④多功能活动室

35. 您希望村内设置哪种室外活动场所（可多选，请根据重要程度排序）：_____。

①球类活动健身场所；②健身器材设施；③小广场；④儿童活动场所

四、村庄整治与管理

36. 如果将来村庄进行集中整治，在本村以外的其他地方统一建新宅，您是否愿意放弃目前的住宅并获得相应的补偿：

0＝完全不同意　1＝很不同意　2＝一般　3＝很同意　4＝非常同意

五、资产意愿

37. 您是否愿意租赁更多土地，扩大经营规模（0=完全不同意；1=很不同意；2=一般；3=很同意；4=非常同意），或是否希望将自家土地租赁出去，从事别的工作（0=完全不同意；1=很不同意；2=一般；3=很同意；4=非常同意）

38. 您是否愿意将自家宅基地或房屋租赁出去？
0=完全不同意　1=很不同意　2=一般　3=很同意　4=非常同意

39. 您是否有新建或翻修房屋、院子的意愿或计划：①是；②否

40. 您认为村子整体的景观风貌怎么样（0=非常不好；1=很不好；2=一般；3=很好；4=非常好）。您认为村里是否存在跟其他村子相比更有特色的地方（①是；②否）。如果有，请标出大致的位置或地名

41. 您村里有哪些特色的传统服饰、技艺或风俗习惯？_____ 是否愿意传承下去（①是；②否）

第二节　心中有数——结构分析法

结构决定功能。任何事物都有其特殊结构，结构不同，其输出功能迥异。乡村振兴就是解决长期以来城乡二元结构造成的不平衡不充分矛盾问题。化解矛盾问题须从分析现有结构开始，从调整现有结构着手，使结构趋于合理，趋于优化。调整的内容就是结构优化方向。各级干部特别是领导干部、驻村干部本着长远发展，要有对本辖区进行结构分析、结构调整、结构优化的思维、方法和能力。

掌握域内基本信息，进行结构分析，要做到心中有数。

一个区县一个乡镇一个村的主要负责人、业务主管部门都要对域内

的基本信息数据做到了如指掌，特别是乡镇村级干部，更要掌握好域内基本底数，如脱贫攻坚期间要求每个乡镇每个村对贫困户数、贫困人口、致贫原因、产业就业状况、家庭收入、教育、医疗、住房、饮水等核心指数做到"一口清"。脱贫攻坚成果巩固与乡村振兴有效衔接中，仍要求必须对已脱贫户、脱贫人口进行动态监测，及时跟踪帮扶，保证不发生规模性返贫，这是过渡期的主要任务，更要对全体农户村民进行调查研究，精准掌握基本乡情村情。

一、调查掌握基础数据，进行结构分析，夯实发展之基

对每一个村的农户数、人口数、产业、就业、收入来源、住房、教育、医疗情况，以整村为单元，进行信息调查搜集整理和结构分析。

一是农户信息与结构分析。总农户数，以及其中长期不在村农户、代际分工户、独居老人户、分散供养户的户数等，根据这些数据，分析全村农户结构构成，为本村经济社会发展提供依据。

二是人口信息与结构分析。总人数，以及其中常住人数、年龄分段人数、各层次学历人数、不同教育阶段学生人数、近十年新出生人口、适婚年龄（已婚、未婚）人口等，由此分析全村人口年龄、劳动力、教育程度、婚育等基本结构。

三是产业基础信息与结构分析。全村现有产业种类，以及其中种植种类与面积、养殖种类与数量、加工业种类与规模；各产业投入数量、投入产业数值，产业发展存在的困难和产业发展意愿等，以及耕地使用面积、林地面积效益；村集体经济、合作社、社会化服务组织参与劳动情况、收入贡献率等。调查产业基本情况，分析现有产业结构，为充实、调整发展产业提供依据。

通过对以上三大类基础信息的调查与结构分析，将比较全面、准确地掌握全村情况，夯实发展基础，为谋划发展提供支撑，也打下民意基

础。这是村干部特别是驻村干部了解掌握村情、谋划发展、制订发展规划的必修课。在此基础上，因地制宜，坚持有所为有所不为，着力促进帮扶村社会经济发展，提高群众收入，改善民生，提升群众幸福感。

每一个村的基础信息与结构构成分析，汇集起来就成为一个乡镇的基础信息数据库，可为这个乡镇的振兴发展打下坚实基础。这是一项基础性工作，目前仍是一个工作短板，亟待加强。各乡镇的数据汇集成全区县的基础数据，对其进行科学结构分析后的成果，成为选择项目、规划发展、制定政策、推进实施乡村振兴的科学依据；否则或凭想象、拍脑袋做决策，或有代农决策之嫌。

二、进行产业结构分析，调整产业结构，推进产业兴旺

产业兴旺是乡村振兴的首要任务，是乡村振兴的核心。推进现代化产业发展需要立足当前，面向未来，因地制宜，实事求是。各地产业现状不尽相同，应调研分析现有产业状态，进行结构性分析，找出制约发展的关键因素和产业结构性矛盾，由易而难进行产业结构调整，优化结构，促进产业持续健康发展。

陕西苹果种植面积全国第一，在全国乃至全世界的苹果产业中都具有举足轻重的地位。但是，现在也到了必须进行结构调整的紧迫关头。我们对陕西的苹果产业进行结构分析：其一，空间结构上，一些低海拔平原区域，原本不适宜苹果栽种，自然质量不好，效益不高，而且占用了大耕地粮田，必须进行空间布局结构调整，还田于粮，让苹果向高海拔大温差的高原、山坡区域集中。其二，品种结构上，苹果虽有早、中、晚熟几十个品种之分，但从整体栽植面积上看，"红富士"品种一家独大，占80%以上，因栽植区域不同，品种差异很大，但又于同一时间集中上市，销售期高度集中，形成恶性竞争。因此，必须要进行品种结构调整，优化品种结构，使早、中、晚品种搭配合理，延长市场供应期，

回避市场恶意竞争，追求合理收益，也满足不同时段的消费需求。其三，苹果产业从业人员年迈体衰，专业知识、作务技能已不能满足产业高效发展的需要，需要新的职业农民参与，应用新技术生产经营。因此，调整从业人员结构，转变生产经营管理方式，已势在必行。

以陕西苹果产业为例，足以说明结构分析和结构调整的必要性、必然性。因此，可以说，结构分析法是一种常用的思维方式和工作方法。结构分析是对照未来发展方向与要求，找出结构内关键制约因子，再进行优化调整，使结构功能输出达到现阶段最佳。产业结构各地千差万别，需要进行详细调研，认真分析，审慎调整优化。就产业结构调整而言，重在强化产业长板，延长产业链。在此基础上，再因地制宜，逐步走上无中生有、有中做优、优中做强、推陈出新的可持续发展之路。

三、进行就业结构分析，重塑人才结构，推进人才振兴

乡村振兴为了农民，乡村振兴需要人才。需要对区域内各类人才存量结构进行调研分析，需要调查一个县域一个乡镇现有劳动力的年龄、文化程度、技能层次、技能等级、现在就业工种等，摸清底数，进行必要的结构分析，因应产业发展、社会治理、文化建设等需要，找出合理的结构调整方向，通过选育、引育、引进等可行方式，加快乡村振兴人才队伍建设，为乡村振兴提供人才智力支撑。

产业发展需要人才，产业发展也创造更多劳动就业机会。乡村产业发展就是给乡村劳动者提供更多就近就地劳动岗位，让人人有事干，事事有人做，人岗相适，稳定群众收入，促进社会和谐文明进步。对劳动力结构进行分析后就能找到人才培育、引育的方向，就地培训提升。一方面对标区域发展需求，促进一二三产业融合发展，延长产业链，走高质高效发展之路。一方面提供技能，因应域外市场需求岗位，为每个劳动者创造就业机会。如因应城市养老劳动力市场需求，举办养老家政

服务技能培训，使域内更多适合劳动者参与市场竞争，获得养老家政服务岗位，稳定家庭收入。又如域内因应产业机械化发展，需要更多懂机械、熟练操作的产业工人，可进行专业人员培训训练，以适应新需要。

在未来，需要培育一支爱农村、懂农业、会管理、善经营的专业人才队伍，也要因应机械化、数字化需求，更多引育建造一支专业技术队伍，促进农业现代化，促进一二三产业融合发展；因应社会老龄化需求，需要培训一支训练有素的专业化家政服务人才队伍。具体到一个县域、乡镇、村，必须进行劳动力调整和结构分析，这是基础性工作之一。

第三节　做好日志——逐一破解法

人常说，好记性不如烂笔头。在基层工作的同志，每日手头工作头绪多，细碎烦琐，既要化解广大群众的不同诉求与矛盾，又要千方百计服务群众，提高服务质量。把服务群众的每件事尽最大努力办实办好，尽最大努力使群众满意，仅凭脑子记忆，常有疏漏，常有延误。做好日志，是必要而管用的工作方法。

一、做好日志是提高工作质量、提升个人能力的好方法

第一，做好日志是更好服务群众的需要。基层工作具有显著的复杂性、重复性、突发性等特点。基层干部直接面对服务群众，群众诉求、矛盾各异，多样复杂，求诉方式多样，求诉时间随意性强，往往不在工作日或工作时间之内。在一线扶贫时，群众常常半夜一两点、两三点打来电话，或早上五六点就找上门，我很无奈，亦很疲惫，只能把诉求先记下来，再逐一落实解决答复。久而久之，我已养成做工作日志的习

惯，也获得由此带来的诸多益处。基层工作者每天接收的信息会有几条、十几条、几十条，甚至更多，都需要处理办好，群众的诉求或是其中的一条几条，仅是其中之一。但每天群众的诉求对该群众而言，则是百分之百重要，必须认真对待，及时合理处理，及时回复。况且，有些诉求本身比较复杂，处理难度较大，必须细致核实，再寻求解决方法。每日仅凭大脑记忆处理，显然无法办到、无法办好，需要记下来备忘。特别是涉及群众利益的事，事无大小，均要耐心细致处理，取信于民，服务于民。群众利益无小事，只有每位基层党员干部日复一日、年复一年全心全意服务群众，才能紧密与群众的血肉联系，夯实基层根基。

第二，做好日志是提升工作质量的需要。身处基层或深入基层群众之中调查生产生活情况，就必须了解掌握群众的所思所想所盼，了解他们在生产实践中原创性的好做法、好经验，把这些逐一记录下来，再静下心来，逐一分析，总结归纳提炼，明晰群众的想法，明确我们的工作方向，将政策与群众所想所盼结合起来，得到群众的理解支持，共同参与、惠及群众，让群众从中受益。乡村振兴的主体是农民群众，动员组织农民群众参与是关键一步。互相了解，为民办实事好事，夯实民意基础，抓实组织群众参与之本。解决好群众的合理诉求，保障群众合法权益是我们基层工作职责所系。做日志可避免疏漏，能存留积累大量第一手材料，便于从中分析总结，不断检视工作成效，修正工作方法，总结工作经验教训，提炼群众原创技术、村民自我管理方法，无疑是一种好方法、好习惯。长年累月的日志是一本宝贵的第一手资料，是一份宝贵的精神财富，是个人一生一段美好的回忆。只有这样，我们基层工作才能更有成效，更有成绩，基层工作的价值才能得到充分彰显。做日志后回看日志，分析总结，会使我们每个人真正静下来，以旁观者的心态来冷静思考，抽丝剥茧，去伪存真，真正内观自省，提升自己，启发后人。否则，虽有经历，也只有经历，仅存留一点点，没有可供借鉴利用的价值，只能遗憾落得"碌碌无为"。

第三，做好日志是谋划推动乡村振兴的有效方法。群众是英雄，实践出真知。乡村振兴是新时代的伟大工程，是一项全新工作，没有可供借鉴的经验模式，需要大家在实践中不断创新总结，探索适应本地实际情况的可行路径与方法。所有乡村振兴一线的同志，都在努力实践，推动工作。要将自己工作实践的内容，与同行同班子成员一起研讨，听取意见与建议，具体分析，修正方法，提炼总结，得到经验，其中长期积累的工作日志发挥着不可替代的作用。同时，发现挖掘群众的创造，记录于日志中，积累一段时间后，将同一问题案例的前后记录进行梳理，深入思考，或能集成一套可推而广之的典型经验。

二、做好日志的内容与方法

基层各项工作的落实推进，都应该有工作日志这个鲜活资料做基础，都应该有据此进行梳理思考的过程，由此而得来的乡村工作路径与方法，有群众基础，有实践检验，是有根之法。否则，无根无据，工作效果、工作进度必受很大制约。

工作日志可涉及下列内容，当日工作计划：要细，按照轻重缓急排序；工作落实中记录：事由、人、意见、新问题、结果，特别是承诺事项一定要记录明确，以便兑现；会议记录：内容、任务、完成时限、要求、落实方案、责任分工、负责人等；调查研究：调查事项、被调查人意见与建议、存在问题或好经验等；突发事件、诉求、矛盾：来源、事由、要求、时限、自己思考的个人意见、与班子商议的意见、处理结果、回复情况等。

第四节 慢一节拍——推拖拉解法

记得脱贫攻坚期间，国家对因病残致贫、家庭无劳动力的农户，强化兜底保障措施，明确应保尽保。相关会议传达上级文件时，详细讲解了纳入最低生活保障范围、申报审核条件、评定等级标准、审核评定程序等规范要求，要求各村严格精准落实文件，做到"应保尽保"，筑牢脱贫底线。有位村支部书记会后回村途中，遇到几位农户，随即告诉村民可以来村委会办理低保了。随后一段时间，有十多个农户前来办理。然而，仔细与文件要求相对比后，发现这些农户根本不符合条件，无法办理，引起了很多不必要的矛盾，这往往也很尴尬。类似这样的警示，在其他事上亦有之。

一、慢一节拍，做到双结合，精准落实政策

农村基层工作是遵照"三农"工作要求，精准落实"三农"政策，做好"三农"服务，具体事务上更多的是按上级要求落实相关文件，有效与本镇村的实际相结合，执行相关政策。每次政策落实都与群众的切身利益息息相关，关乎群众利益福祉和长远发展。因此，对于文件政策，必须认真学习，深刻领会消化。在落实执行时，必须慢一节拍，留有合理时间来思考，或集体研究政策文件所涉及部分的本村实际情况，尽可能将文件要求与本地实际相结合，制定出精准可行的工作方案与路径方法。这样，执行落实起来，既遵从文件要求，又符合实际情况，阻力少，效果好。没有与本村实际相结合的执行落实，是机械的、应付性的，其结果是部分落实，效果不佳。慢一节拍，静一下，在落实前留点

时间，进行充分领悟，调查研究，制定方案及意外情形应急预案，充分做到结合客观实际。对其中的疑惑、特殊情形也要留有时间调研请示，可以采用推拖拉策略方法。推拖拉不是消极懈怠，而是为了更好地做到结合，更有效地精准执行。

从基层现实情况看，主要存在对文件政策没有学深悟透，知而不全、知而不透的问题，更没有留下时间研究如何结合本村实际制定相应的可行方案。机械执行，简单应付，结果可想而知。要么照本宣科，照猫画虎；要么主观臆断，闭门落实，应付交差。如此，不仅仅是工作态度问题，更是基层工作方法问题。基层亟待强调工作方法，目的在于不断提高基层工作效率和工作效能，促进基层治理现代化，推进乡村振兴。

二、慢一节拍，有理有节化解矛盾，促进乡村治理

利益不平衡就会造成矛盾，甚至主观认为利益不平衡，都易产生矛盾。矛盾时时处处普遍存在，每化解或解决一件或一类矛盾，就会增加一分和谐。化解集体与农户之间、农户与农户之间的矛盾，是镇村干部日常遇到且不能回避的，也是职责之一，需要认真对待。指导而不处理，是懒政；不知原委忙于处理，或显简单冲动，或又引起更多误解，产生更多矛盾，将原本简单的问题复杂化，这其实是工作方法出现了问题。人常说冲动是魔鬼，遇事冷静五分钟。当矛盾双方都处于冲动状态时，找到村上处理，此时最好的方法就是劝说或责令其回去冷静一下，第二天再来处理。一定要慢一节拍，采取推拖之策略。这样，村干部也给自己留有充足的时间调查了解事情的原委，思考化解之法。做到准备充分，游刃有余，有理有节，则成功率、满意度较高。20 世纪 90 年代，我曾接触过凤翔县董家河乡盐坎村魏支书，他在处理农户矛盾时，采取了矛盾双方先交 50 元调解费，收费后再处理，处理后，有理一方或称"胜诉"一方调解费退还的办法。如果处理后双方再反悔要求二次处理，

则需再交第二次调解费。实收的调解费上缴村集体所有。在 20 世纪 90 年代，50 元调解费还真是一个不小的数目，有些矛盾方知难而退，矛盾自然化解。既给矛盾双方留下充足的冷静思考时间，也给他自己留有调查了解和思考的时间。这个临时的推拖拉化解办法，或是村内自治有效的工作方法。

退一步海阔天空，慢一拍冷静，推拖拉处之。急事要缓办。涉及群众利益的政策，需要准确、全面、完整告知群众，慢一拍有序落实，不打折扣。不宜急于求成，忙中出错，要在落实工作中维护群众权益，逐步形成一套工作思维方式方法，更好地服务群众，促进群众自治，构建和谐美丽家园。

三、慢一节拍，谋定后动，高效推进乡村振兴

每个人有一颗脑袋在上面，属阳，常常需要冷静；下面有一双脚，属阴，常常需要保暖，运动起来是最好的办法。乡村振兴是一个全新的系统工程，既需要冷静思考，又要谋定而动，不断探索实践。"道虽迩，不行不至；事虽小，不为不成。"乡村振兴具有中国"三农"的共性，更因各地情况大不相同而具有极大差异性。这要求我们以习近平新时代"三农"思想为根本遵循，以乡村振兴总要求为目标，紧紧结合本域实际研究，实事求是，谋划推动乡村振兴。各域人口结构、自然禀赋、产业基础、文化底蕴等复杂各异，乡村振兴工作系统繁巨，对每项工作都要保持谦虚谨慎的态度，慢一节拍，理清思路，检视要素，缜密谋划，周密安排，精准施行，系统推进。

产业是乡村振兴的重要目标，产业兴，百业兴，百户富。产业项目的确立需要切实下一番功夫调查，需要时间，多方论证，静下心来，慢一节拍，反复核查项目落地本地的不利因素，及不利因素可能导致的不良后果。越是自认为遇到一件好事、好项目，内心越激动，满脑子都憧

憬着成功后的果实与喜悦,思想冲动,行为自然冒进,很可能忽略某一关键因素或重要方面。一旦急忙上马,开弓没有回头箭,一着不慎,满盘皆输。因操之过急、论证不实不足,导致失误失败的教训,使人刻骨铭心。我们要怀有对党、群众、历史负责的敬畏之心,认真对待每一项工作。

产业发展是乡村振兴的核心,关系"三农"工作的方向,关乎当地群众的福祉。乡村振兴为了人民群众、依靠人民群众、惠及人民群众,责任重大,马虎轻率不得。产业项目确立、实施中每一步都要慢一节拍,充分做好群众思想动员,组织协调,争取更广泛的支持与参与,夯实民意基础。产业发展需要研究市场。市场是变化的,不是静止的,产业实施要紧扣市场脉搏,遵循市场规律,不臆断,不蛮干。

总之,慢一节拍,留有时间充分调查研究,冷静思考谋划,谋定而后动,一以贯之推动执行。遇事慢一节拍是一种思维方式,一种处事方法。学会养成这种思维方式方法,就能避免因头脑过热、盲从盲动造成损失。

第五节 查找共性——补短强弱法

解放思想,提高品德修养和生活技能就能促进人的发展进步。破除瓶颈,化解矛盾,提高生产力水平和公平正义,就能促进社会的发展进步。乡村振兴就是为了解决城乡发展不平衡不充分的主要矛盾。矛盾具有特殊性和普遍性。乡村发展矛盾在表现形式上存在差异,但同时也存在共性。乡村振兴是以区域整体为发展对象的,在一个村是以全体农户农业人员为对象的,就单一对象而言,其矛盾、诉求具有特殊性,但就整体对象而言,则具有共性。查找共性矛盾问题,着力解决这些矛盾问题,补短板强弱项是重要方法之一。

一、西部地区乡村亟待破解的共性矛盾

西部地区曾是脱贫攻坚主战场,经过8年持续奋斗,已全部脱贫摘帽,但是底子薄、基础差,巩固脱贫攻坚成果任务繁巨,需要用乡村振兴新思想、新要求、新目标统筹发展,着力集中解决共性矛盾,推进乡村振兴落地生效,在乡村振兴中不断巩固拓展脱贫攻坚成果,推动西部乡村追赶超越。

第一,西部乡村人才缺乏,村级干部思想素质、市场意识、文化素养不高,带动发展能力有限。我曾调查过陕北苹果、土豆主产区的农村干部,发现他们对生产管理技术掌握不清,更谈不上技术指导服务群众,对销售市场信息的掌握也是滞后片面,而且大多数群众都是自发式销售,当市场销售出现困难时,这些农村干部才被迫帮销。青壮劳动力绝大多数背井离乡到全国各地务工就业,留下老人妇女儿童,滋生较大社会问题。当地产业因缺少青壮劳动力,发展缓慢,缺少一批富有乡愁情怀的能人带动地方产业发展。同时,地方产业发展滞后,效益不佳,难以造就更多就业岗位,似乎走不出一个怪圈,需要在乡村振兴中破解。

第二,地域特色产业规模较小。地域特色产业是千百年来自然选择的结果,需要引导适度规模发展,技术改造提高,借助互联网,促进特色、安全、营养农产品供给,造福城乡人民。适度渐进延长产业链,促进一二三产业融合,促进多元供给,延长供给时间,提供劳动就业岗位,吸纳更多人就近就地就业,共铸繁荣发展。

第三,环境卫生整治仍然繁重而紧迫。因自然因素原因,西部乡村环境脆弱,各种干旱、大风、病害等影响群众身心健康。千百年来村民以柴草生火为主,房前屋后柴草成堆,年久堆放,村容杂乱。以旱厕为

主，畜禽养殖以各户分散为主，畜禽粪便没有无害化处理意识，村级缺少公共服务设施，严重影响村容村貌和环境卫生。因此，要通过改厕，增设处理污染排污公共设施，推动畜禽粪便等面源有机物无害处理。同时加强植树造林等工作，综合整治冰雹、暴雨、泥石流等自然灾害频发给生态环境造成的威胁。需要持续加大环境治理，共同营造美丽健康生活家园。

第四，文化生活单调，文化场所空间狭小，文化人才匮乏。青壮劳动力大量外出务工，农村常住人口多为老人妇女儿童，留守人员的文化生活需求各不相同。老年人的业余文化生活主要是看电视、听广播，或天气晴好农闲时三五成群拉家常；妇女们主要是玩手机，引诱得留守儿童、在校小学生也热衷于玩手机。有人还自得地说，现在手机可以哄孩子了，只要给个手机玩，多大的孩子都不哭不闹。群众性文化活动鲜见，与其说不好组织，不如说没有被重视起来。农村基层思想道德文化建设是重要阵地，是乡村文明、乡村治理的重要方面，也是乡村工作的薄弱环节，亟待加强。

二、由易到难，补短强弱，推动乡村振兴向实向好

共性矛盾已成为共存的短板弱项，非一个乡镇一个村能够独立解决，每个干部更大程度上只是一个具体的践行者，需要区县域高度重视，上下同心，统筹协调推进。

第一，实施村干部培训实训工程，坚定理想信念，提高政治觉悟，牢固树立服务意识。通过培训实训，提升村干部个人文化素养，使其必须掌握一两门实用技能，成为爱农村、懂农业、会经营、善管理的行家里手。同时要广纳人才，选育引育人才，在实践中考核使用干部，充分发挥"能人"效应。提高把握全局、服务群众、团结班子、拒腐防变四种能力。

第二，组织实施职业农民培训计划，因应地方产业发展需求，重点培养电商、自媒体商务、小型机械操作手；实施传统工艺产业提升工程，规模生产，借助互联网销售，传承传统工艺，打造一个独特的劳动密集型产业，创造更多的劳动岗位，产业促就业，达到一人多技，而不仅限于农业生产；乡镇内整合本域资源，横向联合，规模生产经营，秉持不求所有但求所得的发展理念，共求发展。

第三，环境卫生综合整治是首要任务。这项任务看似复杂，但只要持续推动，必有所成。重点在于动员组织群众。只有群众认识到位，群众广泛支持参与，持之以恒日常抓、抓日常，养成良好的卫生习惯，才能形成共同意识、自觉行为。同时，县域内加强统一规划，加大政策支持力度，推动乡村公共卫生设施建设。

第四，乡村文化建设是最基础、最根本的一项工作，是一项隐功，急不得，更不能"被遗忘""被忽视"，需要纳入乡村工作日程，长计划，短安排，从细微处着手，一以贯之，长期坚持。否则，仅仅挂在嘴上，没有实际进展，不行不至。一是订计划，建队伍，设阵地。计划要符合乡村实际，不好高骛远，选择几项必须长久坚持的事项，每年组织几项重点活动，如春节期间借助外出务工人员集中返乡之际，组织开展返乡联谊会、恳谈会等，共商乡村之计；重阳节举办孝亲活动，传承家文化，重塑孝道，崇德向善；每年自下而上评选表彰各类先进典型，发挥榜样的力量；开展劳动竞赛、群众自娱自乐的文化活动、留守儿童故事会；等等。二是组建乡村文化队伍。在村两委领导下，指派专人负责，充分挖掘、发挥退休教师、乡贤和在村文艺爱好者的积极性，组建一支乡村文化队伍。干事靠人，人有事干。只要有一支文化队伍活跃在乡村，就是乡村文化的火种，星星之火，可以燎原。在当地乡村组织、驻村单位支持下，长久坚持，接续努力，夯实乡村文化振兴之基。三是分类实施，服务群众，满足群众文化需求。现在多数农村以老人、妇女和留守儿童为主，不同经历、不同年龄有着不同的文化需求，老年人喜欢古乐、戏曲，可以组建以在村妇女为主要成员的锣鼓队、自乐班进行表演，如周至县枣林村就有一支在村妇女组成的鼓乐队，节假日、农闲时义务表演，深受村民欢迎。延安一些农村，有些在村青年立足本村实际，制作小视频，展示乡村故事，寓教于乐。这些小视频有的传播先进文化，有的展示讲解农业实用技术以及本地本村成功的案例故事，有的进行农副产品网络直销等，其受众主体是在村中青年群体。四是建设农家书屋、文化道德讲堂、乡村故事角、乡村文化院、农技夜校等乡村文化阵地，让群众文化活动有地方、有设施、有内容、有组织，这样才能长久坚持下去，用优秀传统文化、社会主义核心价值观、实用技术武装人、鼓舞人，凝聚乡村振兴力量。

第六节　关爱老人——情感补位法

全国第七次人口普查数据显示，我国现有老年人 2.64 亿。老年人已成为广大农村常住人口主体，是当下农业生产的主力军。诚然，也是乡村振兴的一支重要力量，更是全面服务群众的重要对象。

一、传承优秀品质，积蓄乡村振兴时代力量

在脱贫攻坚战结束时，我曾在所驻村进行过一次面对面的访谈调查，高达 99.7% 的老年人对脱贫攻坚成效表示满意，与中青年访谈调查对象相比，老年人幸福指数最高。究其原因，中青年人主要是与同龄人进行横向比较，老年人则主要是对个人过往与现在进行纵向比较，满满都是幸福感。对此，我们不宜进行评判，但需要从老人们的纵向比较中了解一个人、一个家庭、一个村集体的过去与现在。每位老人的生活成长经历都充满着艰辛，承载着历史记忆，汇集成一个家庭、村庄的奋斗史，凝结着一代代人的奋斗精神品格。回顾历史，不忘来时走过的路，感悟岁月不易，增强前进动力。

在村的每一位老人，都经历了人生的艰难岁月，同时也造就了他们艰苦朴素、自强不息的优秀品质与精神力量；他们记忆中镌刻着个人、家族、村庄集体的历史变迁；他们中有人传承着传统手工艺、文化曲艺等非物质文化遗产。艰苦朴素、勤俭节约、自强不息的优秀品质与精神，需要我们一代代继承发扬，这些品格与精神使我们一代代接续奋斗到今天，它们是传家宝，是精神财富。无论到什么时候，我们都不能遗忘丢弃。老人传承下来的，以及自己生活总结的生活常识、生产技巧，特别是传统手工艺、文化曲艺等非物质文化遗产，需要挖掘整理，做好保护与传承。无论是精神还是非物质文化遗产，都需要我们以"时不我待"的紧迫感，传承赓续，发扬光大。它们不仅是新时代乡村振兴的力量之源，也是乡村振兴的重要内容。

家有一老，如有一宝。老一辈传承下来的家风家教，凝结着人生智慧、生活经验、家教礼仪，是现代年青一代所欠缺的，是乡村振兴、乡村文明建设的重要内容，必须传承。家风家教优则家庭家族发达兴旺。要认真挖掘整理保存，用良好家风家教化育年轻一代，使其与社会主义核心价值观相融合，成为家风、村风范本教材，使之真正成为乡村文明建设、乡村自治的重要组成部分。这方面，在各级党组织领导下，文化等相关部门要主动作为，承担这一重要任务。各驻村单位、驻村干部也应参与其中，尽一份力。

二、尊重关爱老人，重塑中华孝道，推进乡村文明建设

老人们从艰苦岁月走来，对现在丰富的物质生活很满足，幸福感很

强。但现实中，儿女外出求学、工作或务工，老人们独自生活在原籍，尽管衣食无忧，还是劳作不辍。他们常说人要活动活动，人要劳动，不能忘本。脱贫攻坚中易地扶贫搬迁后，有些县为易地搬迁后已离开原村落的老人，划出小小一块土地，交由老人耕种，满足老人的愿望，增加老人的劳动快乐，达到"搬得出、稳得住"。经笔者观察，在村老人所缺少的是人文关怀、精神慰藉和健康服务。结合自己20多年乡村工作的经历，提出以下关心关爱老人的思路方法：

"老吾老以及人之老。"家家有老人，人人都会老。村干部、驻村干部要从思想上、情感上、言行上关心关爱每位老人，将其视为自己的长辈亲人，决不能视而不见、漠不关心。有年轻的村干部说到所驻村时，不屑地说都是老人。殊不知，正是这些老人为家庭、家族的生存发展，为村集体、国家建设做出了巨大贡献。现在他们老了，理应得到照顾，享受改革发展成果，安度晚年。正是因为现在的乡村多为老人常在村，驻村干部又要常年驻村，不想着、帮着服务这部分老村民，又去关心服务谁呢？要深知，每关心关爱一位老人，就是关心关爱老人背后的一个家庭。对老人多一份关爱，弥补老人儿女的情感缺位，自然增进老人与儿女之间的感情，凝聚共进和谐力量。要多深入老人家里，嘘寒问暖，拉家常，帮助老人干一些需要干但他们力所不及的家务活。必要时可以用自己的手机帮助老人与儿女进行视频通话，让他们通过视频见见面，慰藉老人的思念之情。做这些事要有意识，变成习惯性行为，坚持下去，可凝聚人心，增进和谐。

尊重每位老人，虚心向他们请教学习。老人没有更多的物质需求，而是需要被尊重，感到自己没有被社会遗忘。因此，村干部、驻村干部日常工作中要多主动与在村老人、退下来的村干部交流商议，听取大家的意见建议，凝聚共识。通过交流，讲清工作要求，提出难点问题，讨论工作思路和方案。老同志可以通过他们的方式方法、他们的影响力，做一部分群众工作，有利于村级工作的展开，凝聚共识，促进和谐。如果对其不闻不问，只能白白浪费这部分宝贵资源。

老人年老体弱，多数患有高血压、糖尿病等慢性病，长期服药，仍不时出现头疼脑热等不适症状。村支部、村委会，特别是村医要充分发挥作用，可每月深入老人家里帮老人测测血压、血糖，指导老人正确服用药物，必要时指导一些有利保健的知识和易学易懂的中医保健方法。驻村单位可因应老人普遍需求及常见病情，邀请相关医疗机构与专业医生深入所驻村为老人们检查指导，关心关爱老人。西北大学出资聘请村医每月入户巡诊，每年举办义诊，收到良好效果，受到老人及其家人的广泛好评。同时，可以举办一些文艺活动，让老人参与其中，丰富文化生活，利于老人身心健康，共同促进乡村和谐文明。

细微处见真情，细微处暖人心。对个人而言，这就是做善事，积累福报。需要长久坚持下去，造福乡亲。

第七节　以动促动——五动工作法

乡村建设为农民而建，乡村振兴为农民而兴。农民是乡村振兴的主体，组织动员广大农民最大限度地参与到乡村振兴中来，让广大农民行动起来，展现主人翁精神，发挥主动性、积极性和能动性是乡村振兴的核心与关键。否则，只会是干部在干，群众在看，"两张皮"，乡村振兴成效大打折扣。

脱贫攻坚是攻坚战，乡村振兴是持久战。乡村振兴是在脱贫攻坚消除绝对贫困基础上的"三农"工作的延续。从脱贫攻坚到乡村振兴是"三农"工作历史性重大转移，必须做到三个转向，即工作对象转向所有农民、工作任务转向推进五大振兴、工作举措转向促进发展。对象是所有农民，五大振兴为了农民，促进发展惠及农民，农民是乡村振兴的主体。只有广大农民参与乡村振兴，才能取得实实在在的成效；只要农民行动起来了，乡村也就振兴起来了。由此可见，组织动员广大农民已是核心任务，也是乡村振兴一线工作者必须认真思考、着力解决的重点。那么，如何让广大农民心动身动、自觉行动起来呢？我在脱贫攻坚驻村期间创新实践了一套"五动工作法"，源于乡村工作一线，来自基层工作实践，经检验行之有效，可供参考。

一、"五动工作法"源自农村一线，在脱贫攻坚实践中得到检验

扶贫工作中"输血"重要，"造血"更重要。扶贫先扶志，一定要把两者有机结合起来，既要送温暖、送政策，也要送志气、送信心、送技术，更要发展产业，共同致富。

扶志是个慢工，需要日积月累，下绣花功夫，一下子出不了效果；扶志是软性的，没有硬指标可以衡量，操作上缺少具体抓手。这些往往成为扶志被实际忽视的重要原因。扶志扶智激发内生动力，重在把扶贫与扶志有机结合起来，明确细化产业具体抓手，既做贯穿于扶贫过程交心交流、启发教育的"隐功"，又做带动参与、事实教育的"显功"。"隐功"需要慢而细，浸入过程，内化于心；"显功"需要动且实，实绩驱动，启迪心智，外化于行。

在20多年一线扶贫工作中，特别是在商州区大荆镇黄山村脱贫攻坚驻村扶贫中，我采取"五动工作法"激发脱贫内生动力，推动产业发展。"五动"就是真情感动、产业带动、资金融动、技术驱动、奖励促动。真情感动是通过经常性深入村民家中，家访交谈，拉家常，知家事，解难事，讲政策。要像走亲戚一样反复去做，特别是群众家庭"急难愁盼"之事，即知能办即办，家中难事，即行即帮，用心走入群众心

中,拉近和群众的距离。产业带动就是通过查找、补足现有产业短板,促使现有产业提级晋档,稳步持续发展;谋划示范培育新产业,将贫困户吸纳进来,参与共同发展,探索产业带贫益贫机制,使户户有产业。资金融动是将自有资金、小额贴息贷款资金、互助资金、帮扶资金,融合捆绑于产业项目,或独自生产经营,或互助联营,或参与集体产业,风险共担,利益共享,化解没钱干、怕风险不敢干的困局。技术驱动是采取"请进来,走出去",通过参观学习、技术培训、生产指导,促进学技术用技术,提高产业技术含量,破解产业发展中的技术瓶颈,不断提高产业发展中的科技含量。奖励促动是建立产业发展奖励机制,让产业实干者、参与者获得物质精神双激励。

常言道,无事生非。有些贫困户懒于做事,怕担风险不敢做事,没有启动资金不好做事。对此,我们将扶贫中的基础设施、公共卫生、集体经济等项目劳务,全部安排给贫困户中有劳动能力者,使其就近务工,增加劳务收入;相继成立三个合作社,采用党建+合作社+贫困户产业脱贫模式,流转土地发展林果、林下散养殖,带动贫困户发展产业;采用党支部+集体经济+贫困户脱贫模式,带动贫困户发展养殖、林果、药材产业,贫困户从劳务、土地租金和分红三方面受益;同时,直接在资金、技术、销售上帮扶贫困户发展猪、羊、牛、鸡等养殖业;针对在村村民大多年老体弱的现状,采用联户联营方式,5户一个小组,小集体集中发展产业,工作队扶持,互助资金协会借款,小组独立经营,集体受益。创造劳务机会,在村务工,融入产业项目,事绑人,项目带动,多重受益,达到户户有产业。将自有资金、帮扶资金、互助资金、小额贷款等融合分解到项目之中,采取奖励办法,干就奖,多干多奖,干好重奖,使帮扶资金围着事转,发挥撬动、"发酵粉"式的激励作用。同时,深入产业项目中,持续推进技术培训、田间技术指导、全程科管,采用"做给你看,带着你干""在干中学,在学中干"的方法帮扶，扶持培育产业，带动实现稳定脱贫。现在，人人有事干，户户有产业，全村都动起来了，村里也没有了闲人，村民个个精神抖擞，面貌焕然一新。

发展产业、扶志扶智是扶贫的核心工作。志智双扶，立足当前，激发内生动力，依靠自身不懈努力，创造美好幸福生活。着力长远，助教兴学，形成家家户户重视孩子教育的氛围，用知识改变命运，阻断贫困代际相传。农村基层工作切忌大包大揽，否则，必养懒汉，要有所为而有所不为。

二、用"五动工作法"激发动力，组织动员农民参与乡村振兴

"五动工作法"重在激发脱贫内生动力，用心感动、用事撬动、用利驱动、用奖促动，注入动能，理清思路，激发人人干事创业、勤劳致富的内动力，从而达到从"要我致富"到"我要致富"的本质转变，实现巩固脱贫成果，村民主动参与，投身乡村振兴，使乡村产业更强、生活更富裕、乡村环境更美。

当前，正处在脱贫攻坚成果巩固拓展与乡村振兴有效衔接阶段，既要巩固脱贫成果，防止发生规模性返贫，又要全面推进乡村振兴，要两手抓，两手都要硬。在此工作中，要通过反复入户调查，及时掌握每户"两不愁三保障"及安全饮水存在的问题，动态监测，早发现，早干预，早帮扶，防止发生返贫。入户调查是项基本功，只有反复入户调查，才能缩短与群众间的距离，了解掌握实际困难，解决群众的急难愁盼，用真情感动群众，增进与群众间的感情。要宣讲党的农村方针政策，得到群众的理解与支持，动员组织群众，形成乡村振兴工作合力，有效推进脱贫成果巩固和乡村振兴。

产业发展是乡村振兴的首要任务。要在调查中发现产业短板弱项，立足实际补短强弱，促进产业持续健康发展。发挥优势，落实产业政

策,壮大传统产业,培育新产业,给予资金、市场、加工、劳动力等方面的帮扶支持,采取资金与产业项目捆绑,使资金融动起来,跟进技术服务,设立奖励机制,使没钱干、怕担风险的群众消除顾虑,让不会干、犹豫不前者放下包袱,得到鼓励支持;同时,引导鼓励所有农户积极发展"小种植、小养殖、小加工、小贸易、小田园""五小经济",使大家都能动起来,利用精品致富"小不点",做成致富"大产业"。培育产业示范项目,示范带动,"做给你看,带着你干",使产业无中生有,有中做优,逐步发展起来,树立产业典型,让其发展收益使其他群众心动,带动其他群众自觉行动起来。有序组织联户经营,帮扶支持家庭农场,提供社会化服务,逐步将群众组织起来发展产业,实现适度规模经营。逐步吸纳有志青年返乡创业,投身乡村产业发展、乡村建设和乡村治理,为乡村振兴聚集人才。

乡村五大振兴重在政策宣讲、产业培育、示范带动,使群众了解政策,尝到甜头,激发内动力,积极参与,形成乡村振兴强大合力。"五动工作法"在乡村振兴一线工作中的应用,旨在组织发动群众,提高群众对乡村振兴方针政策的知晓度、理解度,凝聚共识,激发群众投身乡村振兴的积极性、主动性和能动性,聚集乡村一线工作力量。"五动工作法"为乡村振兴一线工作提供了可操作的工作思路与方法,可有效克服一线工作头绪多、缺方法的窘境。采用"五动工作法"的核心就是在各项工作中,千方百计引导鼓励群众动起来,要心动身动,这样群众就有所思,便于交流,良性互动,集思广益,工作思路和实施方案自然成为大家的公议共识,便于执行,取得惠及群众的成效;否则,干部干、群众看,还有一堆意见,甚至干预阻挠,影响工作进度与成效。

驻村干部过去是脱贫攻坚战场一支重要力量,是大扶贫格局重要组成部分。现在,乡村振兴驻村第一书记、工作队更是巩固拓展脱贫攻坚成果、推进实施乡村振兴工作的一支重要力量。驻村干部要领会"五动工作法"，与所在村的干部群众一起推进实施。驻村干部要厚植为民情怀，把握精准要义，深入群众、了解群众，走群众路线，从群众中来，到群众中去，创新工作思路方法，动员组织群众，行动起来，用勤劳、智慧和汗水，共谋发展，增收致富。要尊重群众主体地位，最大限度地激发广大群众的积极性、主动性、创造性，使其投身于产业发展、环境治理、乡村建设、乡村自治和乡村文明建设实践之中。

"五动工作法"源于脱贫攻坚工作实践，具有较强的实用性、实效性和可操作性。在巩固拓展脱贫攻坚成果、有效衔接乡村振兴驻村工作中具有较强的借鉴意义。

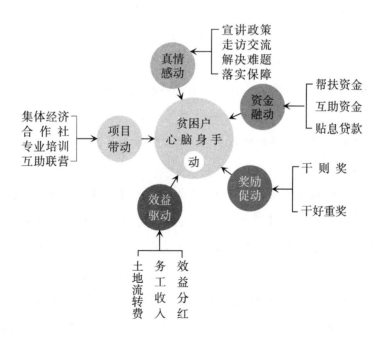

案例十四

西北大学师生在村庄规划舞台大显身手

西北大学的城乡规划学科以地理学为基础，是国家级一流本科专业建设点；专业一直坚持多学科交叉融合的理念，旨在培养面向地方城乡社会发展，具有综合交叉知识背景，基础厚实、创新能力强和坚持社会主义核心价值观，掌握城乡规划专业基本技能，能够从事空间体系规划、区域发展与规划、城乡规划与设计、住房与社区建设规划、城乡发展历史与遗产保护规划、城乡生态环境与基础设施规划、城乡规划管理等工作的高素质复合型人才。在大遗址保护规划、西北地区城乡资源环境保护利用和区域发展规划等方面，形成了优势和特色。

西北大学城市与环境学院城乡规划专业师生发挥专业优势，已开始进行村庄规划，为推进实施乡村振兴战略提供智力与人才支持。笔者曾参与他们在商州区大荆镇乡村振兴产业规划及汉中洋县村庄规划的实践，对实用性村庄规划的政策要求、历史意义有了更深的认识，也与规划团队结下深厚友谊。

实施乡村振兴战略，是党的十九大做出的重大决策部署，而村庄规划是落实乡村振兴战略的重要抓手，也是实现乡村空间治理体系现代化的重要依据。自然资源部办公厅印发《关于加强村庄规划促进乡村振兴的通知》（自然资办发〔2019〕35号），要求各省（区市）做好新时代"多规合一"实用性村庄规划编制工作。习近平总书记于2019年3月参加十三届全国人大二次会议河南代表团审议时提出："按照先规划后建设的原则，通盘考虑土地利用、产业发展、居民点布局、人居环境整治、生态保护和历史文化传承，编制多规合一的实用性村庄规划。"《中发十八号文》(《中共中央国务院关于建立国土空间规划并监督实施的若干意见》)从编制层面指出：在城镇开发边界以外的乡村地区，可以以一个或几个行政村为单元，由乡镇政府组织编制"多规合一"的实用性村庄规划，将其作为详细规划报上一级政府审批。从管理层面也指出：在城镇开发边界外的建设，要按照主导用途的分区，实行"详细规划+规划许可"和"约束指标+分区准入"的管制方式。

在此背景下，村庄规划的重点从建设规划转变为统领村庄全域空间必编制的综合层面的详细规划。实用性村庄规划作为村庄建设发展的基础性规划，将成为构建国土空间规划体系的重要环节，是开展国土空间开发保护活动、实施国土空间用途管制、核发乡村建设项目规划许可、进行各项建设活动的法定依据，其法定地位也更加明确。只有做好村庄规划，才能明确村庄发展的目标，把握村庄振兴的重点，定位村庄发展的方向，确保乡村振兴始终朝着健康、稳定、有序的方向发展，促进村庄的可持续发展。村庄规划在实施乡村振兴战略中具有综合性、全局性的影响。

在实际交流中，对"村庄规划以哪些作为重要考量"的问题，西北大学城市与环境学院的师生给出了明确答案：

1. 统筹村庄空间全域全要素，以人为本是村庄规划的重要考量

新时期的村庄规划编制，是对村庄全域范围内的用地性质、用地指标、各发展要素的统筹，应突出保护优先、因地制宜。优先保护自然生态空间，严守生态保护红线和永久基本农田，确保生态环境不破坏、耕地保有量不减少、建设用地规模不增加。当三条控制线出现矛盾时，生态保护红线要保证生态功能的系统性和完整性，确保生态功能不降低、面积不减少、性质不改变；永久基本农田要保证适度合理的规模和稳定性，确保数量不减少、质量不降低；城镇开发边界要避让重要生态功能，不占或少占永久基本农田。按照传承文化、节约集约、分类推进和

突出特色的原则，进一步优化村域空间布局。全面推进乡村振兴，合理安排生产、生活、生态空间，建设美丽中国，建设让人民更满意、更幸福的美好家园。

2. 培育发展特优产业，延伸产业链条，呈现村庄多元价值

乡村振兴规划按照"产业兴旺、生态宜居、乡风文明、治理有效、生活富裕"的总体要求，旨在从产业、生态、文化、治理、人才等多角度统筹考虑"三农"问题，提出综合解决方案和支撑政策，指导乡村现代化建设有序推进。规划要着眼于拓展农业价值链，大力发展乡村旅游产业，加快发展农村电商产业；要持续深化农村改革，深入推进农村"三变"改革，加快培育新型经营主体，积极推进农村集体产权制度改革。

3. 合理配置村庄各类设施，补短强弱，进行空间再挖潜

在基础设施建设方面，要积极创造条件，让资源在农村能待下去、留得住。从收益和成本的角度来看，市场会自动选择边际收益较高的资源分配，所以地方政府需要营造良好的基础设施和环境，降低各项资源要素进入农村的成本，形成城乡共享的产业要素，让农民也能共享改革开放带来的红利。

在公共服务水平方面，要加强教育规划布局，让优质的教师资源能在城乡之间合理配置和流动；促进城乡就业体系一体化发展，建立城乡统一的失业登记制度，提供免费劳动力培训教育，完善城乡人力资源流动和服务体系，保障城乡愿意工作的劳动力人群有事情做；促进城乡保障体系一体化发展，以公平公正为目标，保障各类社会群体的基本社会保障待遇，实施社会保障体系覆盖全民，真正让城乡老百姓安居乐业。

乡村普遍聚居度较低，村庄宅基地管控问题突出。一是村庄宅基地扩张与闲置长期并存，乡村空间资源利用存在较大浪费；二是部分村庄"一户多宅"的情况普遍；三是农民建房面积大，"一宅超面积"现象普遍；四是缺乏村庄规划布局，建设散乱无序；五是私下流转现象普遍；

六是未批先建、擅自加层等违章建房现象比较严重。同时村内小作坊较多，分布于各个居民点，多与住宅用房相邻，造成了一定的环境污染，影响村民生活环境，不利于村庄发展。因此，村庄规划要优化村庄空间布局，整治土地，进行空间再挖潜。

4. 立足现有基础，保护村庄特色风貌

村庄规划中，对不同类型的村庄特色应提出不同的模式，切忌陷入"趋同"与"千村千面"两极化的乡村建设误区，应加强对乡村风貌特征及内在机制的本质把握，明确村庄风貌管控要求，结合村庄地形地貌和聚落特征，按照村庄类型，对山体林地、水体田园等村庄自然环境要素，对空间形态、道路巷道、公共空间等进行风貌控制和引导，拒绝脱离农村实际规划建设大广场、大公园、宽马路、大牌坊、大雕塑等形象工程和项目。同时结合居民点传统风貌特色，确定整体景观绿化、环境小品等风貌引导要求。

村庄规划实践中常常遇到许多需要深入调查、思考与破解的问题

1. 编制导则及村庄规划层次不清

村庄规划的核心是助力乡村振兴，进而实现村民共同富裕。笔者通过梳理村庄规划用地政策，对比总结各省份村庄规划编制导则中的要求，发现村庄规划中对实现乡村振兴、共同富裕、规模经营、指标传导等内容研究较少，导则中产业部分对于空间落实方面涉及甚浅。由于各省份导则与政策文件发布存在时间差，前者解决主要问题的精准性和直达性偏弱。村庄总体规划与村庄建设等规划层次不清，其原因是村庄规划编制缺乏科学合理的标准；村庄建设随意性较强，其原因是各地缺乏统一的细致规划。

2. 目标定位及村庄规划难以落地

笔者总结各省份的村庄规划，发现其大多无法根据村庄实际情况精确提出村庄发展的合理目标定位，显得空泛而不接地气，村庄目标定位

呈现"同质化、模式化、教科书化"三大特征。产业策划过于理想，不够现实，未结合乡村真正的资源去落地，缺乏有效应对。在实施村庄规划编制时，村民的参与度不高。有些地方的村庄规划经常忽视村民的意愿，没有真正了解村民的需求，违背了村庄规划的整体发展。没有得到村民的认可，村庄规划就无法真正落地。另外，主管部门对村庄规划的宣传与监管不到位，容易使村民形成对村庄规划的认知偏差，甚至会由于宅基地或耕地的规划问题，导致村民拒绝配合村庄发展的用地规划。监管不到位也导致了村庄私建、乱建房屋的现象。这些都给村庄规划带来了很大的难度。

3. 需求导向及产业发展联动性薄弱

《关于深入推进农业供给侧结构性改革做好农村产业融合发展用地保障的通知》（国土资规〔2017〕12号）在规划编制用地层面指出：因地制宜编制村土地利用规划，鼓励土地复合利用，乡（镇）土地利用总体规划可以预留少量（不超过5%）规划建设用地指标，用于零星分散的单独选址农业设施、乡村旅游设施等建设。在确保农地农用的前提下，专项支持农村新产业新业态和产业融合发展，改进设施农用地监督管理。笔者基于实践经验，总结以下两点主要问题：第一，乡村土地供给不平衡，产业用地策划受现状用地思维控制，在衔接上位规划目标定位及空间布局安排时，未能结合村民诉求及村庄发展实际需求统筹村域空间布局。第二，笔者在梳理乡村产业发展用地政策体系过程中发现，文件中多次提到规模化经营、产业集聚等理念，村庄产业策划需要切实考虑"村村联动"与"镇村联动"相结合。

村庄规划工作关系到乡村振兴推进实施，责任重大，大有可为

村庄规划需要多方参与，搭建乡村规划建设共同体。采用"共谋、共建、共治、共享"方式，由村民、村委会、地方政府、设计师、社会力量五方联动，搭建乡村规划建设共同体。共同体以问题为导向，规划师需要县、镇、村三级政府提供人口、基础设施、特色资源、文化建设等基础性资料，并积极配合访谈。要充分发挥村民和村委会的主体作用，以村庄规划为引领，将主要内容融入村规民约中，推广乡村规划师制度，积极引入乡贤、企业等社会力量，激发乡村建设与发展的内生动力，共同推动乡村振兴。

据了解，西北大学城乡规划与环境工程研究院有限公司的业务范围包括在全国范围内承担下列任务：镇、20万现状人口以下城市总体规划的编制；镇、登记注册所在地城市和100万现状人口以下城市相关专项规划的编制；详细规划和乡、村庄规划的编制；建设工程项目规划选址的可行性研究。其将在乡村振兴村庄规划中贡献西大智慧与力量。